SÉNÉGAL ET SOUDAN.

TRAVAUX PUBLICS

ET

CHEMINS DE FER.

PAR

Le Commandant **BOIS**,

ANCIEN CHEF DE L'EXPLOITATION DU CHEMIN DE FER DE DAKAR A SAINT-LOUIS.

AVEC CARTE.

PARIS

CHALLAMEL AINÉ, LIBRAIRIE COLONIALE

5, RUE JACOB, ET RUE FURSTENBERG, 2

1886

SÉNÉGAL ET SOUDAN.

Typographie Firmin-Didot. — Mesnil (Eure).

SÉNÉGAL ET SOUDAN.

TRAVAUX PUBLICS

ET

CHEMINS DE FER,

PAR

Le Commandant BOIS,

ANCIEN CHEF DE L'EXPLOITATION DU CHEMIN DE FER DE DAKAR A SAINT-LOUIS.

PARIS

CHALLAMEL AINÉ, LIBRAIRIE COLONIALE

5, RUE JACOB, ET RUE FURSTENBERG, 2

1886

PRÉFACE DE L'AUTEUR.

Les quelques pages qu'on va lire sont l'œuvre d'un homme qui a habité cinq ans le Sénégal, la première fois, comme géographe et comme militaire, la seconde comme organisateur de l'exploitation d'une entreprise privée.

Elles devaient faire l'objet d'un article d'une Revue périodique. De là le peu d'extension donnée par l'auteur à certains sujets intéressant la colonie, et le cadre restreint dans lequel il s'est enfermé.

D'autre part, l'action civilisatrice de la France au Sénégal et dans le Soudan comporte des développements ultérieurs qui n'ont été, à dessein, qu'indiqués. Le besoin d'expansion des nations européennes met actuellement de plus en plus en présence des intérêts rivaux sur tous les points du continent africain. Le lecteur comprendra donc les restrictions voulues de nos conclusions, et saura néanmoins, nous l'espérons, en tirer toutes les conséquences.

Le présent travail devait paraître au mois de décembre dernier. Les retards qui ont été apportés à sa publication et qui sont indépendants de la bonne volonté bien connue de notre éditeur actuel, ne peuvent se continuer plus longtemps.

Un grand courant d'opinion s'est produit en France au sujet des entreprises coloniales. Nous ne pensons pas, comme beaucoup le croient, qu'il leur soit absolument contraire. Mais nous estimons que la France et le parlement demandent seulement, mais avant tout, d'être éclairés à fond sur toutes les questions coloniales. De là le caractère de technicité, bien modeste et qui nous a pourtant été reproché par de nos amis, donné à cet opuscule. On a beau faire et lutter contre le courant scientifique et technique, le grand public actuel sait et sait beaucoup. Les grandes synthèses et les généralités philosophiques ne le touchent plus que si elles s'appuient manifestement sur la notion vraie des détails et des choses. C'est à ce besoin de l'esprit moderne et aussi à la situation actuelle des questions coloniales que nous avons désiré satisfaire.

Heureux, si ces quelques pages peuvent être de quelque utilité à une colonie à laquelle nous avons consacré notre part de fatigues, de travaux et de dangers, et dans l'avenir de laquelle nous avons pleine confiance! Nous espérons bien pouvoir, un jour, étendre le cadre de cette étude et en faire l'objet d'un ouvrage de longue haleine. Mais, en ce moment surtout, pour les colonies françaises, le temps presse et elles ne peuvent attendre. Comme elles, comme le pays, comme le parlement semblent le désirer, on doit aller au plus pressé en disant le plus vite et le plus succinctement possible ce qu'on en sait, ce qu'elles peuvent rendre, ce dont elles ont besoin pour le faire. C'est du moins ce que nous avons essayé en ce qui concerne notre colonie africaine du Sénégal.

ALEXIS BOIS.

SÉNÉGAL ET SOUDAN.

TRAVAUX PUBLICS ET CHEMINS DE FER.

I. *Voyage dans l'Afrique occidentale,* par Anne Raffenel; Paris, Arthus-Bertrand; 1846. — II. Barth, *Voyages et découvertes dans l'Afrique septentrionale et centrale;* Bruxelles, Lacroix, Van Meeren et Cie; 1861. — III. *Le Sénégal,* étude intime, par le Docteur F. Ricard; Paris, Challamel; 1865. — IV. Faidherbe, *le Soudan français;* Lille, Daniel; 1881-1885. — V. *Annales sénégalaises;* Paris, Maisonneuve; 1885. — VI. *Sénégal et Niger;* ministère de la marine et des colonies; Paris, Challamel; 1884. — VII. *Voyage au Soudan français,* par le commandant Galliéni; Paris, Hachette; 1885. — VIII. *Histoire de la colonie française du Sénégal,* par Ernest Fallot; Paris, Challamel; 1884. — IX. *Sénégal et Soudan français,* d'après les récentes publications, par Alfred Rambaud, *Revue des Deux-Mondes* du 1er octobre 1885. — X. Direction générale des services hydrographiques de la marine. Notice hydrographique n° 19. *Côte occidentale d'Afrique, Sénégal et rivières du sud,* par M. Coffinières de Nordeck, lieutenant de vaisseau, etc., etc.

Cartes à consulter en plus de celles que peuvent contenir les ouvrages cités plus haut: 1° Carte du Soudan occidental, par Mage, lieutenant de vaisseau; 1866. — 2° Sénégal, banlieue de Saint-Louis, etc., à 1/200.000e, par Bois, capitaine d'état-major, et Frey, sous-lieutenant d'infanterie de marine; 1870. — 3° Carte du Baol et du Sine, par Martin, capitaine d'état-major; 1868. — 4° Mission Galliéni, haut Sénégal et haut Niger, par Vallière, capitaine d'infanterie de marine; 1881. — 5° Carte des pays situés entre Gorée et Saint-Louis, par Regnault, lieutenant de vaisseau. — Second tirage exécuté par l'ordre de la Compagnie du chemin de fer de Dakar à Saint-Louis, avec l'autorisation du ministre de la marine, et comprenant le tracé dudit chemin de fer; mai 1884.

I.

Dans un de ses récents numéros, la *Revue des Deux-Mondes* a publié une étude très remarquée de M. A. Rambaud sur le Sénégal et le Soudan français. Ce travail donne un excellent résumé des faits politiques et militaires qui ont établi l'influence française dans ces immenses territoires. Cette œuvre, dans son ensemble, depuis 1854 jusqu'à 1885, et à part la période d'inaction de 1869 à 1876, fut vraiment l'œuvre de Faidherbe, soit qu'il en ait lui-même solidement et largement établi les bases dans la période glorieuse de ses gouvernements, de 1854 à 1866, soit que, depuis, arrivé à une des plus hautes dignités de l'État, le corps anéanti par la souffrance, mais l'âme toujours vaillante et animée d'une ardeur qui ne s'éteint pas, il ait inspiré ses continuateurs, les ait soutenus dans leurs entreprises, par ses conseils, par des publications incessantes, et par l'appui d'une compétence indiscutée et d'une notoriété européenne.

Nous partageons les conclusions de M. Rambaud : la nécessité matérielle et morale s'impose au gouvernement de ne perdre ni les fruits des campagnes héroïques du gouverneur Faidherbe contre les Maures et les Toucouleurs, du colonel Borgnis-Desbordes du Sénégal au Niger, ni les résultats des voyages accomplis par les officiers explorateurs dont les missions ont abouti à des traités avec les chefs indigènes : la législation établie par la récente conférence de Berlin donne désormais à ces traités une importance internationale considérable et décisive. Il n'entrera non plus, nous osons l'espérer, dans les projets de personne d'abandonner la série des postes qui font respecter le drapeau français du haut Sénégal jusqu'au Niger; la nécessité actuelle de faire annuellement des colonnes pour leur ravitaillement étant, à notre avis, d'ordre absolument temporaire. D'autre part, dans quelques conditions que se trouve actuellement la ligne ferrée du Haut-Fleuve, il ne faut point oublier que dès le 19 décembre 1882, un premier train circula sur les quelques kilomètres, exécutés, de cette ligne, sous les yeux admiratifs et étonnés des indigènes. Aux États-Unis, le Central-Pacifique a brisé à jamais la résistance des tribus indiennes, dont l'action mettait obstacle aux relations politiques et commerciales de l'Union. De même, dans l'Afrique centrale, la locomotive sera le grand moyen d'échange, d'apaisement, de pacification et d'exploitation commerciale. Elle a paru, elle ne doit pas reculer. D'ailleurs, depuis cette époque, malgré l'insuffisance des crédits, dont M. Rambaud a fait un concluant historique, les travaux n'ont pas chômé. Sur les 132 kilomètres qui séparent Kayes de Bafoulabé, 59 kilomètres de voie sont actuellement livrables à l'exploitation; la plate-forme est faite jusqu'au kilomètre 109, c'est-à-dire à un kilomètre au delà du lac Talari. Voilà pour le chemin de fer du haut Sénégal. Le tracé des 412 kilomètres qui séparent Bafoulabé de Bamakou, sur le Niger, a été fait par M. le capitaine Monteil, assisté de M. le lieutenant Binger, pendant la campagne 1884-1885. Ce tracé suit sensiblement la route des colonnes annuelles (colonnes de ravitaillement des postes), et ne s'en éloigne une seule fois que par une variante qui part de Kalé, tourne le massif du Besso et du Dantoumano, et vient rejoindre la route de la colonne au pied du mont Diali.

Enfin le chemin de fer de Dakar à Saint-Louis, d'une longueur de plus de 264 kilomètres, a été solennellement inauguré le 6 juillet 1885, et fonctionne régulièrement dans son ensemble, depuis cette époque, alors que depuis deux ans, les travaux ayant été entrepris par les deux bouts de la ligne, son exploitation ne s'était faite que par tronçons successifs, variant, comme longueur, de 20 à 30 kilomètres. C'est l'œuvre d'une entreprise privée patronnée par l'État.

Les divers Etats de l'Europe, les États-Unis eux-mêmes, se préoccupent sérieusement, en ce moment, de tirer enfin parti de ce vaste continent africain, dont les richesses leur ont été révélées par les voyages de leurs explorateurs. La France, qui a pour base d'opérations le Sénégal, la plus ancienne colonie européenne de la côte occidentale d'Afrique, a eu, la première, la glorieuse initiative d'amener dans ces parages lointains le railway, ce grand élément de conquête commerciale et civilisatrice.

Tous ces efforts, tous ces travaux doivent avoir leur récompense, et, si, comme il arrive toujours dans les grandes œuvres de colonisation, dont l'Algérie nous donne aujourd'hui un éclatant exemple, l'avenir de l'action européenne dans le continent africain est spécialement réservé à la nation qui, par sa persistance, par les sacrifices qu'elle s'est imposés en hommes et en argent, par l'importance de ses entreprises commerciales et industrielles, et de son action humanitaire et civilisatrice, a d'ores et déjà pris le premier rang entre tous les peuples, c'est dans ce cas à la France que la plus large part d'influence, de trafic et d'exploitation de toutes sortes doit, d'ores et déjà, revenir.

Reste à étudier, au point de vue tant politique que technique, les voies et moyens les plus sûrs et les plus prompts pour atteindre ce résultat, à bien définir la limite de nos légitimes desiderata, celle des efforts et des travaux qu'ils nécessitent. L'exposé des travaux publics de toute nature qui ont été exécutés au Sénégal et au Soudan, et de ceux qu'il y a à notre avis lieu d'y entreprendre à bref délai, permettra de se rendre compte de ce qui est fait, de ce qui reste à faire, et de l'importance du but à atteindre.

Nous traiterons d'abord des centres habités et des postes, des routes et ponts et des lignes télégraphiques, puis des chemins de fer dont nous venons de dessiner un premier aperçu; et, en passant, des alimentations d'eau douce dans les grands centres; enfin du seul chemin de fer existant qui fonctionne, celui de Dakar à Saint-Louis, ainsi que des développements qu'il est susceptible de recevoir même jusqu'au Fouta Dialon et au Niger; enfin du port de Dakar.

II.

Les premiers essais, dans toute occupation nouvelle au Sénégal, ont toujours débuté par la création d'un poste militaire, soit qu'il fallût assurer directement la protection du commerce dans les escales du fleuve et dans les divers comptoirs de la côte occidentale d'Afrique, soit qu'il fût nécessaire de pacifier de vastes territoires, dont les produits alimentent nos marchés, mais qui depuis des siècles sont ravagés par des guerres périodiques, dont le but est la ruine et l'esclavage, en y créant de distance en distance des points d'appui, de ravitaillement et même au besoin de refuge pour nos colonnes.

Ce système a été beaucoup critiqué. Il est encore le seul pratique, à condition que ces postes ne soient pas trop multipliés, ne demandent pas chacun de trop forts effectifs pour eur défense, de manière à ne pas immobiliser une portion trop considérable des faibles ressources militaires de la colonie (1). La résistance efficace du blockhaus de Leybar, dé-

(1) Ces ressources sont les suivantes :

Infanterie : 5 compagnies d'infanterie de marine, 1er bataillon de tirailleurs sénégalais (5 compagnies), 2e bataillon de tirailleurs sénégalais (4 compagnies), une compagnie du corps des disciplinaires.

Artillerie : deux batteries d'artillerie de la marine, une compagnie de con-

fendu par le sergent Brunier et onze hommes, 21 avril 1855, contre l'armée du roi des Trarzas Mohamed El Habib en marche sur Saint-Louis; du blockhaus en ruines de Nder, défendu par le caporal blanc Valette et sept soldats noirs contre les mêmes Trarzas (25 mai 1857); du petit poste de Médine, occupé par Paul Holle et soixante-quatre hommes dont huit blancs, du 20 avril, date du premier assaut, jusqu'au 18 juillet 1857, montre l'utilité des ouvrages de cette nature que les armées soudaniennes, quoique braves mais dépourvues d'artillerie, sont impuissantes à réduire.

Saint-Louis a eu pour origine un poste-comptoir, créé en 1486 par les Portugais, lors de leur occupation temporaire (1), dans la petite île de Bocos, à l'embouchure du fleuve. Ce poste, dont, d'après le père Labat, on voyait encore les ruines en 1785, fut plus tard transporté dans l'île de Saint-Louis, où se trouve aujourd'hui la ville de ce nom, chef-lieu des établissements français de la Sénégambie. On présume, d'après M. Fallot, que la fondation de ce dernier

ducteurs d'artillerie sénégalais (indigènes), détachement d'ouvriers d'artillerie de la marine.

Cavalerie : escadron sénégalais du 1er régiment de spahis.

Il faut joindre à cela quelques détachements de laptots que peuvent fournir comme troupes de débarquement les avisos de la flotte.

C'est avec des moyens aussi restreints et longtemps moindres que l'on a pu faire les grandes choses et obtenir les résultats disproportionnés dont M. Rambaud a tracé l'historique dans *la Revue des Deux-Mondes,* alors que, sans parler des garnisons de Saint-Louis, de Gorée et Dakar, il faut pourvoir avec ce faible effectif au service de trente-cinq postes fortifiés répandus de Saint-Louis au Niger et du Sénégal à Sierra-Leone.

Nous ne craignons pas d'affirmer qu'en raison de son étendue, de son importance, de son avenir, le Sénégal est de tous nos établissements lointains celui qui a reçu la moindre part des sérieux sacrifices que la France a faits pour l'extension et l'entretien de son empire colonial.

(1) La première exploitation commerciale de la côte occidentale d'Afrique a été faite par des marins normands de Dieppe, puis de Rouen, et eut une importance considérable pour l'époque (1375, règne de Charles V).

comptoir eut lieu au commencement du seizième siècle. Saint-Louis est une jolie ville de quinze à seize mille âmes, bien tracée, à maisons à terrasses alignées sur de larges rues se coupant à angle droit. Les ruines et les cases de nègres qui existent encore à la pointe du nord et à la pointe du sud de l'ile, déparent seules cet ensemble.

La citadelle de Gorée a été également construite par les Portugais, pour défendre les approches du cap Vert, vers la fin du quinzième siècle ou le commencement du seizième. Les anciennes gravures françaises du commencement de ce siècle nous représentent les constructions de la ville de Gorée réduites à la citadelle et à un hôpital, et composées, pour le reste, exclusivement de cases de nègres. L'aspect de l'île est bien changé depuis cette époque, et les constructions régulières en terrasse, ou autres, y abondent maintenant, au point de paraître vouloir déborder la ceinture étroite de mer qui la baigne. Il y a plus de trois mille âmes à Gorée.

En ce qui concerne Dakar, nous aurons l'occasion d'en reparler plus loin, en énumérant les travaux publics dont le colonel Pinet-Laprade, dans sa trop courte carrière, a été le créateur, et, surtout, le promoteur dans l'avenir.

Il est une ville qui s'est fondée toute seule, et dont l'importance grandissante témoigne de ce que peut faire l'initiative individuelle aidée d'un concours de l'État aussi restreint que possible. En 1859, Rufisque était un comptoir, où quelques négociants de Gorée envoyaient des représentants et des marchandises de traite en petite quantité; le trafic s'y faisait dans des installations *à la nègre* tout à fait provisoires, de manière qu'au premier indice de trouble, traitants et marchandises pussent, si l'état de la mer le permettait, être immédiatement rembarqués et ramenés par côtres ou pirogues à Gorée. Plusieurs villages indigènes, très peuplés, font partie de l'enceinte ou du territoire voisin de Rufisque. Le sol argilo-calcaire est riche, et, au nord, le territoire du N'diander produit du petit et du gros mil, du maïs, de l'arachide, des bananes : l'écoulement naturel de ces produits est Rufisque. Mais outre l'entrave des *coutumes*, la crainte incessante des « néfras » rendait toute installation définitive impossible (1). Le 7 mai 1859, une colonne, organisée par le gouverneur Faidherbe, partie de Dakar, dont le territoire fut désormais réuni à la colonie, parcourut la presqu'île du cap Vert, suivit la côte par Rufisque, Joal et Portudal, écrasa le bour Sine au centre même de ses États, et fonda le poste de Kaolak. En passant à Rufisque, le gouverneur y construisit un blockhaus et y laissa une petite garnison pour protéger le commerce. — Ces premiers résultats furent bientôt consolidés par le châtiment qu'infligea, le 17 mars 1862, à Diogo Maye, chef de Mbidjem et partisan de Lat Dior, le lieutenant-colonel Pinet-Laprade, commandant de Gorée ; par la répression des Sérères (mai 1862) et des Diobas (avril 1864), qui est également l'œuvre de l'éminent collaborateur et continuateur de Faidherbe.

« Nous avions, dans cette expédition, détruit les villages
« coupables de trahison, assuré la sécurité des caravanes
« par la construction du poste de Thiès, et porté à une
« étape plus en avant le drapeau de la France (2). »

L'œuvre de pacification fut complétée par un noir intel-

(1) On appelle « nefra » un tumulte subit, résultant d'une attaque violente, sérieuse ou simulée, d'un parti de guerriers apparaissant inopinément sur un marché, et à la faveur duquel les assaillants font promptement main basse sur tout ce qui se trouve à leur portée, étoffes, liqueurs, marchandises de toutes sortes, bétail, bétail humain compris.

(2) *Annales sénégalaises*, page 278.

ligent, dont le fils, qui lui a succédé et qui nous est très dévoué, Abd-el-Kader, est actuellement chef du deuxième canton du cercle de Rufisque. Le père d'Abd-el-Kader défricha tous les territoires qui s'étendent de Bargny à Pout jusqu'au « ravin des voleurs ». Cette région, qui n'était qu'un repaire de brigands, devint un des plus riches pays de la colonie. Il mourut après l'accomplissement de cette œuvre, lâchement assassiné dans sa case et par derrière, par un Dioba, qui d'un coup de fusil lui fit sauter la cervelle.

Quoi qu'il en soit, le terrain était désormais nettoyé, et les six années d'immobilité que passa la colonie, de 1869 à 1875, furent au contraire profitables à Rufisque. Les exactions, tolérées, de Lat Dior, dans le Cayor et même dans le N'diambour et aux portes de Saint-Louis, déterminèrent un grand mouvement des caravanes le long de la côte et de la ligne du télégraphe et des postes, par Gandiole, Lompoul et M'bidjem, amenant directement les produits du Cayor, de M'bidjem et de la chaussée de la Tamna à Rufisque, où se concentraient, également, venant de Thiès (pays sérère), les arachides du Baol et du Sine.

Ce mouvement fut promptement compris et intelligemment exploité par les négociants du Sénégal, de Gorée surtout, qui s'empressèrent de faire à Rufisque des installations sérieuses et durables. Aujourd'hui, la « cité jeune et fière », comme l'a appelée M. Le Boucher, gouverneur par intérim, lors de l'ouverture de la section, de Dakar à Rufisque, du chemin de fer de Dakar à Saint-Louis (1), Rufisque est une jolie ville aux rues bien alignées, aux maisons en terrasse ou à l'européenne, sillonnée par des voies du système De-

(1) *Inauguration de la section du chemin de fer de Dakar à Rufisque*, brochure; Saint-Louis, imprimerie du gouvernement; 1883.

cauville, installées soit par les soins des maisons de commerce, soit par la municipalité elle-même. Enfin un appontement fait de pilotis en roniers, et exécuté par la maison Maurel et Prom, permet, une bonne partie de l'année, aux côtres, d'opérer le chargement des navires ancrés dans la rade de Rufisque.

Un wharf plus long et dont l'extrémité permettra l'accostage en tout temps des navires au delà de la zone des brisants, est en ce moment à l'étude. Deux cent mille francs ont été votés à cet effet par le conseil général de la colonie. Néanmoins la rade de Rufisque est peu sûre; les brisants en sont redoutables et la réussite de cette entreprise dépend encore absolument des résultats que donneront les sondages, dont une partie seulement est incomplètement exécutée.

Une colonie où l'initiative privée crée en peu d'années un centre commercial aussi important, n'est pas ce pays noir « immobile » que nous ont décrit les détracteurs peu renseignés que l'on connaît.

Rufisque n'a plus comme garnison que deux artilleurs affectés à la garde et au service de la poudrière du commerce.

Après ces centres principaux, Saint-Louis, Gorée, Dakar, Rufisque, viennent les postes que nous présenterons rapidement dans l'ordre des régions, du nord au sud, et des dates de leur fondation autant que possible.

André Brue, directeur au Sénégal, pour la compagnie d'Afrique (de 1697 à 1702 et de 1714 à 1720), comprit le premier l'importance du Haut-Fleuve. A son arrivée, la compagnie ne possédait que les deux comptoirs de Saint-Louis et de Gorée. Il remonta le Sénégal jusqu'à la cataracte du Félou, conclut des traités avec les chefs du haut pays, et construisit deux fortins, celui de Saint-Joseph au-dessus de l'embouchure de la Falémé, et celui de Saint-Pierre sur cette dernière rivière (1).

Le fort de Bakel est dû à une entreprise plus récente, quoique déjà ancienne. Le gouvernement de la Restauration s'était préoccupé de la nécessité de renouer les relations interrompues de notre commerce avec le haut Sénégal. Une flottille partit de Saint-Louis en 1820 pour relever le poste de Saint-Joseph. Elle fut forcée par la baisse des eaux de s'arrêter à Bakel avant d'avoir atteint le but de son voyage. L'officier qui la commandait trouva l'emplacement convenable pour y construire un fort, qui devint le point d'appui et le centre des opérations commerciales dont la compagnie de Galam, créée dès lors à cette date, eut le monopole jusqu'en 1848. Bakel est un comptoir important que son fort nous a conservé. En effet, au début des manœuvres agitatrices d'El Hadj Omar, le village noir de Bakel se révolta; le commandant du fort le fit bombarder. La leçon fut terrible et eut pour résultat la demande d'annexion faite par les indigènes de leur territoire à la France (2); ce qui eut lieu en 1854.

(1) « Il songeait même à s'ouvrir la route du Soudan, et dans ce but il recueillit de nombreux renseignements commerciaux, et il envoya une expédition reconnaître la chute de Gouina, au-dessus de celle de Félou. Par ses ordres, le voyageur Compagnon parcourut le Bambouk et ses mines d'or, et en constata la richesse. En même temps Brue disputait aux Anglais la Gambie, aux environs de laquelle il eut jusqu'à trois comptoirs florissants. Les maîtres de la Guinée portugaise éprouvaient de même les effets de son voisinage et étaient forcés de lui abandonner l'île de Bissao, à l'embouchure de la rivière Géba. Brue obtenait aussi des indigènes la cession de la belle île de Boulam, où il se proposait d'établir une colonie agricole et industrielle. Au milieu de ces travaux incessants, il trouvait le temps d'étudier les diverses races qui couvrent le sol de la Sénégambie, et il faisait exécuter la première carte du Sénégal. » (FALLOT, page 22.) — André Brue a été le premier et un des plus grands administrateurs de la colonie. »

(2) L'annexion les mettait à l'abri des représailles du marabout.

C'est à cette même année (1854) que se reporte la création des enceintes fortifiées de Dagana, où nous avions déjà un petit fort, et de Podor, qui avait eu autrefois un fortin, alors abandonné. Celle de Podor a été construite par le capitaine du génie Faidherbe, M. le capitaine de vaisseau Protet étant gouverneur.

La fondation de Médine, au pied des cataractes du Félou, date des débuts du premier gouvernement de Faidherbe (septembre 1855). Les événements qui se déroulèrent peu de temps après autour de ce poste, sous les murs duquel vint se briser l'invasion d'El Hadj Omar, témoignent de la haute portée des prévisions qui ont présidé à cette création. Médine est la clef du bassin supérieur du Sénégal, comme Podor l'était déjà du bassin inférieur.

C'est à la suite du siège de Médine et des deux années de lutte qui furent encore nécessaires pour purger des nombreuses bandes d'El-Hadj Omar le Kasso, le Bambouk et le Boundou, et pour assurer les communications entre Médine et Podor, qu'un fort fut élevé à Matam, dans le Fouta. — A la même date (1859), la création du poste de Saldé compléta l'occupation de l'île à Morphil. C'est autour de ces trois postes, Podor, Saldé, Matam, et en s'appuyant sur eux que put avoir lieu l'action énergique de répression exercée en 1863 par la colonne de M. le gouverneur Jauréguiberry sur le Toro, le Fouta et le Damga.

Tous ces postes ont conservé, outre leur importance politique, leur activité commerciale (1).

(1) Bien que son importance ait diminué, nous ne pouvons néanmoins dans cette courte étude passer sous silence le poste de Richard-Toll. C'est qu'en effet, ce point représente le premier essai, subsistant encore, de colonisation qui ait été fait dans le pays. C'est au confluent du Sénégal et de la jolie petite rivière de la Taoué, sur les limites du Oualo et du Toro, qu'en 1821, M. Ri-

Citons maintenant, de Médine au Niger, les postes récemment construits : Bafoulabé (1879), Badombé (1880), mission Galliéni ; Makadiambongou (Kita), résultat des négociations de Galliéni et œuvre de Borgnis-Desbordes (1881), en 1881-1882, Kondou (Borgnis-Desbordes), en 1883 Bamakou, sur le Niger, dont la construction fut confiée par M. le colonel Borgnis-Desbordes au commandant Boilève (1), enfin, dans la campagne 1884-1885, sur la route de Bamakou à Kita par Mourgoula (colonne du commandant Combes), le dernier poste créé, Niagassola.

Tel est en gros, et sans compter l'établissement important de Kayes, base du chemin de fer du Haut-Fleuve, l'ensemble des postes qui assurent ou sont appelés à établir notre notre influence politique et la sécurité de notre commerce tant dans le bas et le haut Sénégal que du Sénégal au Niger.

Plus au sud, et sans entrer dans l'énumération des postes qu'une politique variable a fait successivement créer, puis abandonner dans le Cayor, citons ceux de Gandiole, de Lompoul, de Betet et de Mbidjem, construits par le gouverneur Faidherbe à la suite de la défaite du Damel Makodou à Diati (11 mars 1861), et qui servent encore maintenant, avec Rufisque, de stations pour la ligne télégraphique de

chard, horticulteur distingué, envoyé au Sénégal par le gouvernement de la Restauration, créa un magnifique jardin d'acclimatation (Richard-Toll, en ouolof, *jardin de Richard*). Sous le gouvernement de M. Faidherbe, le jardin fut accru d'une jolie résidence. La crise cotonnière dont la guerre de sécession entre les États nord et sud de l'Amérique fut la cause, amena le gouvernement, en 1864-1865, à accorder à la maison Drouet et Kœchlin des concessions de terrain aux environs de Pont (N'Diander) et de Richard-Toll. Des essais de coton longue soie furent faits et réussirent ; mais la fin de la crise américaine vint interrompre ces expériences, pour lesquelles la maison concessionnaire n'avait peut-être pas fait des sacrifices proportionnés à l'importance du but à atteindre.

(1) Voir la description de ces ouvrages dans *Sénégal et Niger* (1884).

l'État, qui relie, parallèlement à la côte, Dakar avec Saint-Louis; puis, sur la ligne ferrée, de Dakar à Saint-Louis, M'Pal, Louga (1882) (M. Servatius étant gouverneur); Thiès, en pays sérère, achevé le 15 mai 1864, à la suite des deux expéditions heureuses du commandant supérieur de Gorée, M. Pinet-Laprade, de 1862 à 1864; Potou, dans le Diander, poste moins important et également sur la voie ferrée, est de la même époque (1864).

Comme il a été dit plus haut, l'installation des postes de Kaolak, sur le Saloum, de Portudal et de Joal, sur la côte, date des premiers mois de l'année 1859, — et est due à l'initiative du gouverneur Faidherbe (1). En 1861, le chef de bataillon Pinet-Laprade, qui commandait l'arrondissement de Gorée, acheva de soumettre à l'autorité de la France cette riche région, en la parcourant à nouveau. Joal est resté le centre commercial le plus important de cette région. Mais il nous plaît, en outre, de citer sur cette côte d'Afrique, si décriée, un nouvel exemple de ce que peut faire l'initiative individuelle. Au nord-est, à 6 kilomètres environ de Joal, se trouve l'établissement de Saint-Joseph, dirigé par les Pères de ce nom. Le fondateur en est

(1) « Cette victoire (celle de Fatik gagnée par Faidherbe sur le bour Sine, qui lui avait donné rendez-vous de combat en ce point), ouvrait à la colonne la route du Saloum. Elle y arriva en quatre jours de marche et construisit sur ses rives le fort de Kaolak, pour protéger le commerce considérable dont cette rivière est le théâtre. Cette heureuse expédition fut couronnée par des traités avec les rois du Baol, du Sine et du Saloum, qui reconnurent à la France la possession de tout le littoral depuis le cap Vert jusqu'à la pointe de Sangomar, à l'entrée du Saloum. C'était l'exécution du traité conclu par Ducasse, deux cents ans auparavant. » (FALLOT, pages 65 et 66.)

Du reste, la campagne du Rip (fin 1865), contre le marabout Maba, au delà du Saloum, par le gué de Nguer, Ticket, Ngapack et Nioro, capitale du Rip, et les événements qui suivirent jusqu'en 1866, établirent définitivement l'autorité qui nous était reconnue par les traités ci-dessus jusqu'à la Gambie. (*Annales sénégalaises*, pages 327 à 344.)

Mgr Kobès, qui créa ce centre, aux environs du village noir de Ngasobil, il y a plus de vingt ans. En 1864, Mgr Kobès obtint la concession de 1.000 hectares destinés à la culture du coton. « Dès la deuxième année, 200 hectares étaient en plein rapport à Saint-Joseph et donnaient une récolte de 90.000 kilogr. Malheureusement une invasion de sauterelles dévasta les champs et les essais furent abandonnés. » Mais la colonie de Saint-Joseph est restée. Des villages composés de noirs, la plupart anciens esclaves délivrés, mariés chrétiennement, entourent l'établissement. C'est le seul point de la côte occidentale d'Afrique où l'on cultive avec des bœufs et à la charrue. Les missionnaires y élèvent des indigènes destinés à l'apostolat, et, quelles que soient les idées avancées de l'Europe moderne, il faut reconnaître que l'évangélisation chrétienne est encore le seul moyen qu'on puisse employer pour lutter contre la fataliste et anticivilisatrice invasion musulmane. A Saint-Joseph, on fait des ouvriers de tous corps d'état, maçons, charpentiers, menuisiers, serruriers. Enfin l'imprimerie des Pères, à laquelle sont employés comme compositeurs et même comme protes, des indigènes, donne des résultats qui égalent ceux de l'imprimerie du gouvernement à Saint-Louis.

En descendant la côte, et au sud de la Gambie, nous trouvons l'importante rivière de la Casamance. La fondation du comptoir de Sedhiou est du 24 mai 1837, date à laquelle le territoire de ce village fut acheté par la France. Le poste fut construit l'année suivante. Une partie des frais de l'acquisition fut faite par la compagnie de Galam, qui en conséquence eut pendant quelque temps le monopole du commerce de cette rivière. Déjà, dès 1836, l'île de Carabane et, en 1837, celle de Guimberong, étaient devenues possessions françaises. Les expéditions de M. Protet en 1859, celles du commandant Pinet-Laprade en 1860 et 1861, confirmèrent et étendirent cette conquête. Aujourd'hui la Casamance et la région qu'elle arrose seraient complètement rivière et pays français, s'il ne s'y trouvait une petite enclave, le territoire et le poste de Ziguinchor, qui appartiennent au Portugal depuis 1645. La concurrence de Sedhiou et de Carabane a ruiné l'établissement de Ziguinchor. Nous croyons savoir que des négociations ont été récemment entreprises entre les deux gouvernements pour la cession de ce dernier point à la France, moyennant une compensation pour le Portugal, sur la côte d'Afrique. Cette solution ne pourrait être qu'avantageuse aux deux pays, et au commerce, en général, quel que soit son pavillon. La Casamance a été longtemps, en effet, le théâtre de brigandages commis par les indigènes, et qui dans ces derniers temps se sont partiellement renouvelés, sans toutefois atteindre à l'importance des faits passés. L'unité d'influence et d'action mettrait fin à ces désordres.

Le colonel Pinet-Laprade, devenu gouverneur, continua à s'intéresser aux rivières du sud, dont il comptait faire l'un des premiers éléments de notre richesse commerciale dans la Sénégambie. Le rio Nunez fut définitivement occupé et le poste de Boké construit en 1866. « Le rio Pungo et la Mellacorée eurent le même sort et les postes de Bofa et de Benty furent chargés de maintenir l'influence française dans ces régions reculées. C'était une étendue de 400 kilomètres de côte qui s'ajoutait au domaine de la France, et cette côte était la façade, sur l'océan, du splendide Fouta Dialon (1). »

La mort de M. Pinet-Laprade, en 1869, a arrêté l'essor qu'il comptait donner à ces nouvelles créations.

Voilà pour les postes.

(1) Fallot, page 85.

Quant aux routes, elles sont peu nombreuses et impraticables en hivernage. M. Faidherbe avait résolu de tracer tout un réseau de routes, et quelques-unes furent commencées sous son administration et sous celle de son successeur (1). Elles sont actuellement, en partie, livrées à l'abandon.

Citons pourtant : la route de la côte par Gandiole, Mouit, Lompoul, Bétête, M'bidjem, Rufisque. Mais la chaussée de la Tamna, en face de M'bidjem, a été enlevée pendant l'hivernage de 1884 ;

La route du Cayor, exécutée en 1864 par le colonel Pinet-Laprade ; malheureusement le pont de la Tamna était encore en ruines au commencement de cette année. Cette route, qui va de Rufisque à Thiès, a son importance stratégique toute désignée par le nom de Ravin des voleurs, qu'elle suit de Pout jusqu'au plateau de Thiès. Elle a été continuée dans ces derniers temps jusqu'à N'dand par la Société de construction des Batignolles, pour les besoins du ravitaillement des ouvriers du chemin de fer de Dakar à Saint-Louis. Elle est à entretenir et à continuer ;

La route de Saint-Louis à Lampsar par Diaoudoun (un pont à Diaoudoun) ;

Les routes du Soudan : les travaux se sont bornés à un simple défrichement sur une largeur de 6 mètres. Les quelques ponts en bois, qui ont été construits simplement avec des troncs d'arbres formant poutre, sont enlevés ainsi que la route elle-même à chaque hivernage. En 1884, ces routes ne comportaient qu'un développement de 97 kilomètres, de Bafoulabé à Kalé et de Toukoto à Kita (2).

(1) Voir le traité de paix passé le 18 août 1858 avec l'almamy du Bondou, comportant la concession de trois routes de 20 mètres de largeur, de Sénoudébou à Bakel, de Ndangan à Kéniéba, et de Sénoudébou, rive droite, à Kéniéba.

(2) *Sénégal et Niger*, page 348.

Nous avons cité, à propos des routes, quelques ouvrages d'art. Les plus importants de ces ouvrages sont encore les ponts dus à l'initiative du gouverneur Faidherbe pour relier la ville de Saint-Louis à la bande de sable qui la sépare de la mer, et au continent. Avant l'exécution de ce travail, les habitants de l'île de Saint-Louis, située au milieu du fleuve, ne communiquaient avec la côte de Barbarie et avec la terre ferme qu'au moyen d'embarcations. M. Faidherbe fit construire à l'ouest le pont de pilotis en roniers qui aboutit aujourd'hui au faubourg et au marché de Ndar-tout et au village de pêcheurs de Guet Ndar. Ce dernier village et Ndar-tout sont séparés par une large avenue décorée d'un rond-point central, et bordée à droite et à gauche d'une double rangée de palmiers.

Un second pont fut jeté sur le grand bras du Sénégal, reliant Saint-Louis à Bouet-Ville, et donnant ainsi passage aux caravanes et au commerce du Cayor. Ce pont a près de 600 mètres de long, dont 400 sur bateaux du système des ponts militaires, le reste est sur pilotis de roniers. Une coursière de deux pontons unis permet, quand elle est manœuvrée, de donner un passage suffisant aux avisos de l'Etat ou aux bâtiments de commerce qui remontent ou descendent le fleuve.

Ce dernier pont ne fut inauguré qu'en 1866, après le départ de M. Faidherbe de la colonie, et porte son nom.

Une passerelle à la pointe du nord, complète l'ensemble des communications de Saint-Louis créées par ce gouverneur. En même temps, il entourait l'île d'une ceinture de quais de manière à la préserver des inondations pendant l'« hivernage » (saison des pluies).

Ajoutons à ce rapide exposé, outre les établissements militaires dont il a doté Saint-Louis, l'essai, quoique infructueux, d'un puits artésien à la pointe du nord de l'ile, destiné à fournir de l'eau douce au chef-lieu de la colonie; la création de l'École des otages, et enfin celle de la Banque du Sénégal. Ce dernier établissement, fondé en 1855, est actuellement en pleine voie de prospérité. Ses opérations pendant l'exercice 1881-1882 ont atteint le chiffre de un million, et il a pu distribuer aux actionnaires un dividende de 8 %. Ces chiffres n'ont fait qu'augmenter depuis.

J'arrive au service télégraphique, tant civil que militaire. L'année 1861 a vu, comme nous l'avons dit, la création de la ligne de la côte, de Dakar à Saint-Louis, dont les bureaux sont actuellement : Saint-Louis, la Barre, Mouit, Betet, Mbidjem, Rufisque et Dakar.

Citons encore la ligne du Fleuve partant de Saint-Louis avec bureaux à Richard-Toll, Dagana, Podor, Ndiaen, Aéré, Saldé (1). Les incertitudes que la situation politique du Fouta apportait à l'exploitation et à la continuation de cette ligne jusqu'à Bakel et de là à Médine ont disparu. D'après les nouvelles de Saint-Louis du 14 octobre dernier, qui nous sont arrivées par la voie des journaux, le traité passé dans le Fouta, par l'intermédiaire de M. Martin, conseiller général de Saint-Louis, avec Abdoul-Bou-Bakar, a son plein effet, le télégraphe se construit et la première section jusqu'à Matam sera terminée à la fin du mois.

Déjà, le gouverneur du Sénégal, M. le général Brière de l'Isle, avait fait construire la ligne télégraphique de Médine à Bafoulabé, 140 kilomètres; ce travail fut achevé en 1879.

(1) La construction de la ligne télégraphique de Saint-Louis à Dagana remonte à 1868 (M. Pinet-Laprade étant gouverneur), la construction et l'achèvement de la ligne de Dagana à Podor datent de 1877 (gouvernement de M. Brière de l'Isle). Enfin c'est également sous le gouvernement de M. Brière de l'Isle que fut achevée en 1880 la ligne de Podor à Saldé par Ndiaen.

Les campagnes de M. Borgnis-Desbordes, en 1880-1881, 1881-1882 et 1882-1883, ont conduit la ligne jusqu'à Bamakou, avec Kayes comme point de départ au lieu et place de Médine, soit 440 kilomètres exécutés en trois campagnes, malgré les interruptions que les opérations militaires ont apportées à plusieurs reprises dans les travaux.

D'autres difficultés sérieuses ont entravé l'exécution de cette œuvre.

Un des travaux importants de la brigade télégraphique était, au commencement de chaque campagne, de remettre la ligne en état. Ainsi, au début de la campagne 1882-1883, la brigade télégraphique a dû remplacer 85 poteaux, en redresser 181 et relever le fil en 74 points, c'est-à-dire qu'il y avait environ 1 poteau sur 70 à remplacer, et 1 poteau sur 31 à relever.

Ces dégradations ne doivent pas être attribuées aux indigènes, ces derniers respectent la ligne télégraphique... Mais il y a trois causes de dégradation :

1° Les tempêtes violentes de l'hivernage;

2° L'insuffisance et la mauvaise conservation des poteaux du pays;

3° Les passages des éléphants.

Les deux premières causes sont les plus importantes; elles disparaîtront au fur et à mesure qu'il sera possible d'employer de Kayes à Bamakou des poteaux de France plus solides et notablement plus élevés;... du même coup on aura beaucoup moins à craindre les ruptures de fils par les éléphants. Ces animaux brisent en effet la ligne parce qu'elle est portée en divers points par des poteaux trop courts, et qu'ils la rencontrent sans la voir en allant la nuit boire au fleuve... Il faut de plus observer qu'au fur et à mesure que la route militaire que longe la ligne télégraphique sera fréquentée, les animaux s'en éloigneront davantage.

Pendant ces trois campagnes, le service de la construction des lignes télégraphiques avait été confié à M. Mademba, employé indigène.

Le colonel Desbordes, dans son rapport, s'exprime ainsi qu'il suit sur cet agent :

« Je termine en faisant remarquer combien l'exemple de M. Mademba est encourageant pour ceux qui veulent s'appuyer sérieusement sur l'élément indigène.

« Très dévoué à son métier qu'il connaît très bien, très énergique, très courageux, bien élevé, instruit et modeste, ayant beaucoup d'autorité sur son personnel, sachant se servir des chefs de village et obtenir d'eux ce dont il a besoin, M. Mademba m'a rendu pendant les campagnes 1880-1881, 1881-1882, 1882-1883, les plus grands services. Il a dirigé effectivement et avec plein succès la construction de la ligne télégraphique qui va de Bafoulabé au Niger (427 kilomètres) ; et cela dans les conditions les plus difficiles peut-être qui aient jamais été réalisées. »

Le réseau télégraphique du haut Sénégal, de Bakel à Bamakou, représente 710 kilomètres. Il était sous la direction de M. Bouche, employé métropolitain, qui a rendu de grands services, et a immergé avec succès un câble sous-fluvial traversant la Falémé.

Les bureaux ouverts sont :

1° Bakel ; — 2° Kayes ; — 3° Médine ; — 4° Bafoulabé ; — 5° Badoumbé ; — 6° Toukoto ; — 7° Kita ; — 8° Koundou ; — 9° Guinina ; — 10° Bamakou (1).

Enfin, depuis la fin de l'année 1884, un câble sous-marin relie le Sénégal à la France. Son point de départ est Cadix, il atterrit à Ténériffe, dessert les autres Canaries et aboutit à Saint-Louis, point choisi pour l'atterrissement à la côte d'Afrique au lieu et place de Dakar, d'abord fixé, mais qui

(1) *Sénégal et Niger.*

a présenté, paraît-il, des difficultés techniques à l'exécution complète du projet primitif.

Ajoutons qu'en 1885, le conseil général de la colonie a décidé de transporter le fil télégraphique de l'État de Saint-Louis à Dakar, de son emplacement actuel sur une direction nouvelle, parallèle à la voie ferrée. L'importance des centres commerciaux que le chemin de fer a déjà créés ou créera sur cette ligne, motive cette mesure, qui aurait pu être prise plus tôt, dès la construction de la ligne télégraphique du chemin de fer, au matériel de laquelle on aurait donné la solidité et l'importance nécessaires pour supporter les deux fils et satisfaire aux deux services. Mais un accord sur ce point n'a pu intervenir en temps utile entre la compagnie du chemin de fer et la colonie.

III.

C'est le 14 juin 1876, que M. le colonel d'infanterie de marine Brière de l'Isle, nommé gouverneur de la colonie par décret du 20 avril, entra en fonctions.

De cette époque date pour le Sénégal une nouvelle ère de progrès. Aussi bien sera-ce pour M. Brière de l'Isle un titre à la reconnaissance de la colonie, d'avoir renoué la tradition du passé, en continuant l'œuvre politique et administrative de MM. Faidherbe et Pinet-Laprade, et d'avoir apporté à l'exécution des projets de ces deux gouverneurs l'énergie et la ténacité qui sont les qualités dominantes de son caractère

Asseoir, par un coup de main rapide, notre influence devenue contestée dans le Kasso et à Médine, cette tête du Haut-Fleuve, par la prise du « tata » de Sabouciré, et la mort de Niamody, chef du Logo, fut l'affaire d'une colonne habilement conduite par le lieutenant-colonel Reybaud, de l'infanterie de marine. A son retour, la colonne de M. Reybaud fut épouvantablement éprouvée par la fièvre jaune (1).

A ce moment l'esprit public et le gouvernement en France poussaient à l'accomplissement des vastes projets de M. Faidherbe sur la conquête du Soudan. Il fallait arriver au Niger, soit par la traversée du grand désert, en partant du Sahara algérien, soit en franchissant les quelques centaines de kilomètres qui séparent le Sénégal du Niger. La triste fin de la deuxième expédition Flatters a anéanti pour longtemps les espérances des promoteurs du transsaharien. M. Brière de l'Isle fut le représentant des aspirations du pays tournées toutes alors vers la deuxième solution, et il déploya dans cette œuvre une incessante activité.

Nous n'avons pas à revenir sur les variations et les diminutions que subit ce vaste projet et qui sont récapitulées dans le tableau « résumé des principaux actes législatifs concernant l'œuvre du haut Sénégal » (*Sénégal et Niger*, page 24). Rappelons seulement les travaux de reconnais-

(1) La fièvre jaune, ou *vomito negro*, n'est pas endémique au Sénégal. Cette maladie n'y arrive qu'à des périodes de durée variables, exportée, soit directement du Brésil et des Antilles, soit indirectement du bas de la côte d'Afrique. *Son caractère épidémique*, à chacune de ses apparitions, la rend d'autant plus redoutable, qu'elle s'attaque toujours à un personnel blanc (marine, armée, administration), périodiquement renouvelé par la mère patrie, et, par suite, non acclimaté. Des mesures sanitaires prises chaque fois en temps opportun peuvent en préserver à jamais la colonie. L'épidémie de 1878-1879 était espacée de douze ans de celle de 1867, et, antérieurement, le Sénégal est resté, une fois, plus de trente ans, sans recevoir la visite du fléau. Ajoutons que la colonne Reybaud présente le seul exemple d'une colonne en ayant été atteinte dans l'intérieur du pays. Les germes ont dû lui en être transmis par des ravitaillements de la côte.

sance qui devaient préparer cette œuvre, et que par ordre de l'amiral Jauréguiberry, alors ministre de la marine, fit faire le gouverneur Brière de l'Isle : c'est, d'abord, l'œuvre politique et topographique de la mission Galliéni (1879-1881).

En même temps et à la fin de 1879, trois expéditions partaient de Saint-Louis pour étudier le projet d'un chemin de fer reliant Saint-Louis à Médine.

Le lieutenant Marly, chargé d'étudier la première section du tracé projeté, partit de M'Pal, point de bifurcation désigné, avec le chemin de fer déjà projeté de Dakar à Saint-Louis, gagna Merinaghen, puis Guédé, et revint à M'Pal par Dagana. M. Marly mourut à la tâche.

La deuxième section, de Guédé à Bakel, fut étudiée par M. Jacquemart.

Enfin une troisième expédition, cherchant un tracé plus court, explora la ligne directe de Saint-Louis à Bakel en traversant la forêt de Bounoun, le Djoloff et le plateau du Ferlo. Ce voyage intéressant, accompli heureusement par MM. Monteil et Sorin, lieutenant et sous-lieutenant d'infanterie de marine, démontre que, pour vouloir éviter le long détour du fleuve et la traversée des pays hostiles ou incertains du Toro et du Fouta, on est forcé de franchir une région (le Ferlo), bien désignée sur les anciennes cartes sous le nom de « pays désert et sans eau ». Le problème n'était donc pas résolu, de partir de la côte et d'une base solide de communications, voie de terre ou fluviale, pour lancer sur le Niger la railway de parcours minimum et de trafic maximum, qui doit nous donner le commerce du Niger et des régions soudaniennes.

C'est en présence de ces tracés trop longs, trop difficultueux même au point de vue politique, que les chambres optèrent pour l'exécution du tracé restreint de Kayes à Bafoulabé, qui, dès le début, présenta l'immense inconvénient d'avoir pour point de départ une localité, Kayes, qui n'est accessible à la navigation fluviale que pendant quatre ou cinq mois de l'année. La lettre écrite le 23 novembre 1880 à M. Borgnis-Desbordes par le gouverneur, M. Brière de l'Isle, ne condamne pas seulement la détermination prise d'envoyer le personnel de l'expédition et des premiers travaux dans une période aussi avancée de l'année et de la baisse des eaux, mais elle démontre l'impossibilité de soumettre d'abord la construction d'un chemin de fer, puis, surtout, son exploitation qui aurait demandé des ravitaillements ou des relèvements constants en matériel et en personnel, à un système de communications aussi absolument temporaire et incertain. Voici cette lettre :

Nous nous sommes efforcés, à Saint-Louis, de diriger sur Médine tous les éléments de succès pour l'accomplissement de la difficile et glorieuse mission dont vous êtes chargé. Pendant votre séjour au chef-lieu, vous vous êtes rendu compte de tous les inconvénients des retards dans l'arrivée de France du personnel et du matériel. A l'heure qu'il est, la plus grande partie de nos expéditions est encore traînée péniblement et lentement par des chalands que des avisos n'ont pu conduire seulement jusqu'à Bakel, de telle sorte que la traversée de Saint-Louis à Médine sera, sans nul doute, trois ou quatre fois de plus longue durée que celle de France au Sénégal et dans des conditions de bien-être tout à fait rudimentaires... C'est compromettre la prompte exécution de ses entreprises et même le succès complet de ses projets que de se mettre ainsi à la merci des caprices des saisons et de la crue du Sénégal !

— Les difficultés (ajoute-t-on, dans *Sénégal et Niger*) qui devaient survenir étaient plus grandes encore que n'avait pu le prévoir le colonel Brière de l'Isle et tout était compromis avant qu'il eût été possible de rien faire (1).

Tel est, dans une publication même du ministère de la Marine et des colonies, l'aveu d'une des causes primordiales de l'insuccès relatif du chemin de fer du Haut-Fleuve, cause qu'il ne faut point imputer aux exécutants, mais aux proportions mesquines auxquelles on avait réduit un vaste projet, sans se douter qu'on l'avait rendu kilométriquement plus coûteux, et, techniquement, infiniment plus difficile.

Aussi avons-nous tenu, dès le début du présent travail, à constater les résultats accomplis dans des conditions aussi désavantageuses pendant les campagnes 1881 (Arnaudot), 1882-1883 (Jacquier et Razy), 1883-1884 (Chapron et Ruault). Ajoutons que les travaux étant interrompus, faute de nouveaux crédits, M. Descamps, qui faisait partie de la campagne précédente, avec M. Chapron comme directeur des travaux, a pu, pendant la période de 1884-1885, tout en satisfaisant à l'entretien, ajouter cinq kilomètres à la longueur de plate-forme antérieurement exécutée.

Nous ne quitterons pas les travaux du Haut-Fleuve sans citer en outre les importantes constructions de Kayes (1881-1882) (2), base du chemin de fer et des colonnes du Haut-Fleuve, le beau pont métallique de 60 mètres d'ouverture sur le marigot de Parapaha (3), et enfin les travaux de Saint-Louis, qui se sont élevés à plus de 568,000 francs (4) (1881, 1882, 1883). Les ateliers et les magasins qu'il a

(1) *Sénégal et Niger*, pages 134, 135.
(2) *Ibid.*, p. 343.
(3) *Ibid.*, p. 354.
(4) *Ibid.*, p. 342.

fallu construire à la pointe du nord de l'île de Saint-Louis, et d'où on a expédié tout le matériel nécessaire du Haut-Fleuve, sont réellement bien installés et outillés. Les bâtiments sont reliés entre eux par un kilomètre de voie ferrée. Les quais N.-E. ont été prolongés; une grue permet de faire rapidement les chargements et les déchargements à bord des navires.

Que deviendront ces derniers établissements, dont l'importance était pleinement justifiée par celle du but à atteindre? En admettant même qu'on varie sur le choix du tracé du railway « Sénégal-Niger », les établissements du Haut-Fleuve à Saint-Louis seront toujours immédiatement utilisables par le gouvernement et la marine, sinon même par le commerce et l'industrie privés.

Il est un autre projet, celui-là, de M. Pinet-Laprade, que M. Brière de l'Isle a repris et dont l'exécution « matérielle » est en ce moment à peu près complète : il s'agit d'une question capitale pour la ville de Saint-Louis, celle de lui fournir une alimentation d'eau douce en quantité suffisante.

L'essai de puits artésiens fait par M. Faidherbe à la pointe du nord de l'île n'avait pas réussi. On avait compté, en faisant cet essai, sur une nappe d'eau provenant des grandes failles auxquelles devaient correspondre les rapides et les chutes du fleuve. Mais on dépassa bientôt en profondeur la limite d'altitude que présentent les chutes et rapides, et, si l'on continua l'œuvre, ce fut avec l'espoir, bientôt déçu, de rencontrer une nappe d'eau communiquant par un siphon avec des sources d'altitude supérieure qui ne peuvent exister que dans le Fouta Dialon.

Saint-Louis est donc alimenté encore maintenant par l'eau des citernes du gouvernement et des particuliers, eau qui n'est pas saumâtre, comme le dit M. Fallot (1), puisqu'elle provient, soit des pluies du ciel, soit des voyages périodiques faits en saison sèche par des bateaux-citernes qui vont chercher l'eau du fleuve, au point, variable suivant la saison, où la marée cesse de se faire sentir. Ce point est quelquefois lointain. Rien n'est changé à cet égard de ce que publiait le docteur Ricard en 1865 :

Dans la partie inférieure de son cours, le Sénégal offre une différence de niveau si faible que dans les basses eaux le mouvement des marées se fait sentir jusqu'à Podor (à environ 140 milles marins de l'embouchure), et la salure de l'eau plus haut que Richard-Toll (à plus de 80 milles marins). Cette partie est accessible toute l'année aux bâtiments de rivière (2).

Néanmoins la quantité d'eau douce obtenue par ces procédés, pour l'alimentation d'une ville de 16,000 âmes, est incertaine et insuffisante.

C'est pour parer à cette pénurie que le colonel Pinet-Laprade fit construire, en 1868, au moyen d'un barrage, un vaste réservoir au marigot de Lampsar, à 16 kilomètres de la ville. L'eau y était douce seulement à la surface, mais des écluses établies dans le barrage lui rendirent à peu près sa sapidité primitive. Les expériences n'étaient pas très concluantes, car il était en outre prouvé que le terrain du fond du marigot était salé, et nous croyons savoir de source certaine que, sans sa mort prématurée, M. Pinet-Laprade aurait probablement abandonné ou modifié ce projet.

Quoi qu'il en soit, M. Brière de l'Isle le reprit et la con-

(1) Page 87.
(2) *Le Sénégal* (étude intime), p. 23.

duite d'eau de Lampsar à Saint-Louis est achevée. Depuis la fin d'août 1885, les appareils élévatoires de Makana, et la conduite composée de tuyaux en fonte de $0^{m},18$ de diamètre intérieur, sont livrés aux essais préparatoires à la réception définitive. L'immersion de l'énorme siphon de la conduite d'eau dans le grand bras du fleuve fera certainement honneur, comme exécution, à l'ingénieur de la maison Leblanc, M. Collot.

L'eau n'est pas suffisamment douce; c'est donc un travail qu'il y aura lieu de compléter, en prolongeant la canalisation en amont, et en interceptant la communication des marigots de Kanak et de Lampsar avec le marigot de Gorom, qui entretient la salure des premiers (1).

D'un autre côté, et au sud, M. Brière de l'Isle faisait exécuter les travaux d'aménagement de l'aiguade de Dakar, qui furent terminés sous l'un de ses successeurs, M. le colonel de cavalerie Canard.

Le gouverneur Pinet-Laprade avait également projeté d'exécuter cet important travail, mais, comme il le disait quelque temps avant sa mort à quelques amis intimes, il hésitait encore avant de l'entreprendre : « Nous avons fait disait-il, une première expérience de réglementation de l'aiguade de Dakar. C'est chose si délicate et si fugace que l'eau, partout, et surtout dans ce pays où elle ne

(1) Un autre projet, qui entraîne l'abandon du premier, consisterait à continuer les quais de la pointe du nord, à les tailler en brise-lame de manière à rétablir le courant, qui va s'amoindrissant dans le petit bras du fleuve en face de Bop-Nquior et dont la diminution tend à changer cette partie de l'île en un marais pestilentiel et à rendre inhabitables et malsains les logements de la partie occidentale de l'île. La partie disponible de la pointe du nord serait transformée en de vastes citernes, alimentées soit par l'eau du ciel, soit au besoin, et pendant une partie de l'hivernage, par l'inondation des eaux, alors douces, du fleuve, qu'on laisserait communiquer avec les citernes par des vannes *ad hoc* hermétiquement fermées le reste de l'année.

provient que d'infiltrations à travers le sable, glissant sur des couches d'argile dont la moindre faille amène l'écoulement de l'eau en dehors de sa cuvette naturelle! J'ai dû faire arrêter les travaux et je m'en félicite : nous n'avions perdu que la moitié de l'eau; en continuant, nous en aurions perdu la totalité. »

L'exécution du projet de M. Brière de l'Isle a déjoué en partie ces prévisions, le système de captation étant complété par des châteaux d'eau, réservoirs-citernes, qui recueillent directement en outre les eaux des pluies de l'hivernage, et complètent le manquant provenant des travaux eux-mêmes, si manquant il y a.

Ajoutons qu'à Dakar, comme et plus encore qu'à Sor, en face Saint-Louis, au bas des dunes, on n'a qu'à creuser à une faible profondeur pour trouver de l'eau douce et potable. Les alimentations du chemin de fer, à Sor, et encore plus à Dakar, sont excellentes.

IV.

C'est à l'année 1863, M. Jauréguiberry, M. Faidherbe, ensuite, étant gouverneurs, que remonte la création de Dakar. La barre du fleuve rendant inaccessible pendant de longs jours et, quelquefois, pendant des semaines, l'accostage de Saint-Louis, la colonie avait besoin d'un port naturel. C'est de cette époque et sous l'active impulsion de M. Pinet-Laprade, alors commandant supérieur de Gorée, que datent Dakar et son port.

Ce qui fut fait à cette époque ne peut être considéré que comme l'ébauche de l'avenir important réservé à cette création. De Mogador au cap de Bonne-Espérance, Dakar est le seul port important, sûr, et, en même temps, susceptible d'agrandissement, de la côte occidentale d'Afrique. Il est appelé à détrôner Saint-Vincent et toutes les relâches des îles du cap Vert, parce qu'avant tout à Dakar il y a de l'eau et des vivres frais. Telle qu'elle est, cette ébauche est une grande conception. Le port de Gorée n'abritait rien. Deux jetées, l'une, la grande, oblique, l'autre, la petite, parallèle au courant régnant dans l'anse Bernard, complétèrent l'abri que donnait déjà la position singulière de Dakar par rapport à la presqu'île du cap Vert et à la pointe de Bel-Air. Les batteries de Bel-Air, de Dakar et de Gorée constituaient une défense suffisante pour l'époque. Ces deux jetées ont été faites avec des matériaux pris sur place (blocs argilo-ferrugineux qui constituent le squelette géologique de Gorée et de Dakar, et le sous-sol du Cayor).

« Autour de ces installations, le gouvernement fit élever divers édifices d'utilité publique, tels que caserne, école, magasin pour la marine. Un chantier de réparation pour les navires complète les aménagements du port (1). L'organisation du service postal bi-mensuel des Messageries maritimes vient apporter sur cette terre naguère déserte un élément de vie et de prospérité. Aussi lorsque le colonel Pinet-Laprade inaugura solennellement, en 1866, le port de Dakar, une petite ville française avec ses maisons en pierres (*nous ajouterons ses boulevards*), ses rues et ses places publiques, s'élevait déjà à l'endroit où trois ans auparavant on n'aurait trouvé qu'un groupe de misérables pêcheurs (2). »

Tout cela est un peu dithyrambique. Après M. Laprade,

(1) Ce chantier n'est utilisable que pour les chalands ou des chaloupes à vapeur. Nous le répétons, c'est une ébauche.

(2) Fallot, 88-89.

rien de nouveau ne fut fait pour Dakar, qu'il fallait, à tout prix, continuer, et faire le centre de notre prépondérance sur la côte occidentale d'Afrique. L'exécution du chemin de fer de Dakar à Saint-Louis, motivée, comme la création de Dakar, par les incertitudes de la barre du Sénégal, est destinée, et ce n'est pas le moindre de ses résultats, à attirer l'attention du gouvernement sur l'importance de cette station navale.

V.

« L'un des actes de M. Brière de l'Isle, qui restera comme un de ses meilleurs titres à la reconnaissance de la population sénégalaise, fut l'étude qu'il fit entreprendre du chemin de fer de Saint-Louis à Dakar. La première idée de cette grande œuvre appartient au colonel Pinet-Laprade, alors qu'il commandait l'arrondissement de Gorée (Pinet-Laprade, Projet de chemin de fer au Sénégal, *Revue coloniale*, 2e série, t. XVII, janvier 1857, p. 5). Le chemin de fer était le complément naturel du port de Dakar, vers lequel il écoulerait sans difficultés toutes les marchandises du Cayor. Au point de vue politique, il n'était pas moins indispensable pour assurer la soumission définitive de ce pays... (1). »

C'est fort bien dit, sauf que l'auteur aurait pu insister davantage sur la victoire remportée ainsi, au point de vue des transports, sur la barre du fleuve. Passons. Mais, puisque l'œuvre a réussi, seule de ce genre, en ce pays lointain, qu'elle donne des résultats, et nous sommes partisans de la

(1) Fallot, 99-100.

politique des résultats, qu'il nous soit permis de raconter brièvement comment et pourquoi elle a réussi, de déduire les conséquences de ce succès, le premier de cet ordre, réalisé dans ces parages par une nation européenne.

L'avant-projet du gouvernement, exécuté par M. Walter, conducteur des ponts et chaussées, est du 14 novembre 1878. Bientôt suivent les reconnaissances exécutées par les agents de la Société de construction des Batignolles, qui s'était mise en instance auprès de l'État pour obtenir la concession de la ligne. Une première étude, rapide et succincte, fut faite du 7 au 16 janvier 1880 par M. Damien de Chandenier. Puis M. Istace, accompagné d'une brigade d'opérateurs, reconnut et leva le terrain entre Saint-Louis et Dakar, sauf une longueur de 35 kilomètres dans le Cayor, où son travail fut arrêté par ordre du damel Lat Dior, qui lui ordonna, le 21 avril 1881, d'avoir à suspendre ses opérations et à quitter le Cayor. Cette période de reconnaissance, commencée du 17 février 1881, fut terminée le 26 avril suivant.

Pendant ce temps, M. l'ingénieur Vieuxtemps, depuis sous-directeur des travaux, s'occupait de « rechercher les ressources que l'on pourrait trouver sur place et d'étudier les moyens d'exécution à employer pendant les campagnes suivantes (1) ». Il commença aussi le pont de Leybar, mais dut en arrêter les travaux, la loi de concession n'ayant pas été votée à cette époque.

Cette loi ne fut, en effet, votée que le 21 juin 1882. Le cahier des charges est de la même date. La convention que la Société avait souscrite avec l'État, sous réserve de l'ap-

(1) Nous avons insisté sur les débuts de l'œuvre et souligné ces lignes pour bien faire ressortir l'importance de la période de préparation, qui ne peut être ni diminuée ni abrégée sans compromettre celle de la construction.

probation des chambres, était du 30 octobre 1880 (1).

Quoi qu'il en soit, le terrain était d'ores et déjà préparé, et la société concessionnaire put, dès le 5 novembre 1882, faire partir de Bordeaux six employés, qui débarquèrent à Dakar le 14 du même mois. Il eût été impossible de les envoyer plus tôt, en raison des pluies de l'hivernage qui, de juillet à fin octobre, mettent obstacle à l'exécution de grands travaux de construction. Ces employés avaient pour mission de commencer les installations nécessaires pour servir de magasins et d'ateliers et de commencer le pointage de la ligne.

Malheureusement la terrible épidémie de fièvre jaune qui avait attristé la fin du gouvernement de M. Brière de l'Isle, et qui s'était renouvelée en 1881, enlevant le nouveau gouverneur, M. le capitaine de Lanneau, mort le 5 août, eut, à la fin de 1882, une recrudescence partielle dont ces malheureux employés furent les seules victimes.

De six qu'ils étaient débarqués à Dakar le 14 novembre, il n'en survivait, le 22 décembre, qu'un seul, M. Digor. Les cinq autres, MM. Fontaine (Richard), Fontaine (Nestor), Horvelin, Uro et Rigault avaient succombé.

Les constatations médicales ayant établi que la première des victimes (M. Fontaine Nestor) était morte de la fièvre jaune, le 2e arrondissement de la colonie (Dakar) fut officiellement mis en quarantaine.

C'était un triste début.

Mais, pendant ce temps et déjà, le directeur, M. l'ingénieur Blondelet, ainsi que tout le personnel de direction et de surveillance des travaux, s'était embarqué à Bordeaux

(1) On trouvera ces documents dans le n° 717 du *Bulletin des lois de la République française*.

le 20 novembre 1882. En arrivant à Dakar, M. Blondelet reçut du gouverneur, M Servatius (1), avis qu'il ne pouvait descendre dans le 2e arrondissement. M. Blondelet et son personnel durent s'embarquer, sans avoir touché terre, sur un bâtiment de l'État qui les conduisit à Saint-Louis. Il attendait un premier convoi de 150 ouvriers, annoncé pour le 9 décembre à Dakar. Dans ces conditions nouvelles, il n'avait plus qu'à préparer le nécessaire pour les recevoir à Saint-Louis.

Ils y arrivèrent en effet, et, aussitôt débarqués, on les installa dans leurs campements; *dès le lendemain,* ils travaillèrent aux terrassements du chemin de fer près Saint-Louis.

Un deuxième convoi de trois cents ouvriers, la plupart Italiens, était prêt à être embarqué à Marseille, lorsque la Société de construction des Batignolles reçut du directeur des travaux une dépêche venue par Fernambuc annonçant l'état sanitaire du Sénégal; ces ouvriers, tous ou presque tous éprouvés déjà et excellents, ne se seraient point embarqués dans ces conditions, que leur engagement, du reste, prévoyait. La Société fit suspendre leur départ, et ils reçurent une indemnité de licenciement pour retourner dans leur pays.

Cependant le personnel de la Société de construction qui était resté à Saint-Louis en attendant que le port de Dakar fût mis en libre pratique, put enfin quitter le chef-lieu de la colonie le 23 janvier 1882 et se rendre à Dakar, où

(1) M. Servatius, débarqué le 14 novembre, était entré en fonctions le 16. C'était la première fois, depuis le baron Roger, qui administra la colonie de 1822 à 1827, que le gouverneur était pris en dehors de l'armée ou de la marine. Depuis cette époque, le Sénégal, lui aussi, est administré par un gouverneur civil.

il n'arriva que le 26 seulement, à cause du mauvais état de la barre du Sénégal. (Quand la barre est bonne, ce voyage, par aviso, ne dure pas plus de 12 à 14 heures.)

Les employés se mirent sans retard à exécuter le piquetage du chemin de fer, afin qu'à leur débarquement, les ouvriers attendus d'Europe pussent travailler dès leur arrivée.

Un convoi d'ouvriers, venant de Marseille, arriva le 8 février 1882; un deuxième, le 15 du même mois. Ils étaient en tout 410; ils furent immédiatement mis au travail.

Mais, pour les raisons ci-dessus exposées, et aussi pour ne pas perdre de temps et utiliser celui qui restait encore jusqu'à l'hivernage, *qui commence habituellement au Sénégal* à la fin du mois de juin, la Société dut faire le racolement de ces 570 ouvriers un peu précipitamment. Leur choix et leur valeur étaient donc de beaucoup inférieurs à ce que présentaient, à cet égard, les ouvriers embauchés en novembre 1882, et qu'on avait dû licencier, comme il a été dit plus haut.

La somme de travail produit dans ces conditions a donc été, quoique plus onéreuse, au-dessous des prévisions premières de la Société.

Malgré tous ces contre-temps, on comptait bien arriver à livrer à l'exploitation, à la fin de la campagne 1882-1883, une section de 30 kilomètres du côté Saint-Louis et une section d'égale longueur du côté Dakar. Malheureusement, du côté Saint-Louis, il fut impossible d'ouvrir cette section, parce qu'en raison du mauvais état de la barre, une partie des fers spéciaux destinés à la construction du pont à tablier métallique de 120 mètres d'ouverture sur le marigot de Leybar, tomba à la mer et ne put être repêchée; on dut commander à nouveau des fers en France.

Mais, de l'autre côté, la section de Dakar-Rufisque put être achevée, et le gouverneur par intérim tint *à honneur* d'en faire l'inauguration solennelle le 27 juillet 1883. Déjà, depuis le 14 juin, un personnel restreint d'exploitation était arrivé à Dakar. La ligne donc pouvait être et était ouverte.

Ce fut pour la colonie un grand événement dont M. Le Boucher fit ressortir éloquemment l'importance et la fécondité pour l'avenir. Au retour de Rufisque sur Dakar, du train d'inauguration, malgré toutes les précautions prises, les voitures furent envahies par les indigènes, qui se pendaient au train en grappes humaines. Il n'y eut heureusement pas d'accident. Mais la victoire de la locomotive était complète, et désormais, et l'expérience a confirmé le fait, la question trafic « voyageurs noirs » était assurée.

Cette section de 30 kilomètres entre Dakar et Rufisque, telle qu'elle existe après les travaux qu'on a exécutés jusqu'à et spécialement en 1885, pour parer à l'insuffisance des ouvertures prévues par le projet, insuffisance prouvée par les hivernages de 1883 et 1884, cette section, disons-nous, ne comporte pas moins de 23 aqueducs, variant de 0^{m},50 à 1^{m},50 d'ouverture, 2 ponceaux de 2^{m},50, 2 ponts de 4 mètres, 1 de 8 mètres, 1 de 16^{m},75 et 1 de 25^{m},80 d'ouverture. Tous ces ouvrages d'art, les bâtiments de la gare de Rufisque, aussi, sont construits avec de la pierre provenant des carrières de la région. Avant le chemin de fer, le Sénégal ne se savait pas aussi riche en matériaux de construction.

La campagne suivante, le personnel de la construction est arrivé à Dakar le 29 novembre 1883, le personnel ouvrier arriva dans ce port le 8 décembre suivant et fut mis *sans retard* au travail.

La qualité des ouvriers embauchés était bien supérieure

à celle des ouvriers de la première campagne, aussi les travaux marchèrent activement, et le service des travaux put livrer à l'exploitation :

Le 22 janvier 1884, la section de M'Pal à Saint-Louis, d'une longueur de 32^{k},460; le 7 mai 1884, celle de Rufisque à Pont, 26^{k},720; le 17 juin 1884, celle de M'Pal à Louga, 38^{k},400 ; en juillet 1885, celle de Pout à Tivaouane, 36^{k},990. La campagne fut terminée le 26 juillet 1884.

Dans les sections indiquées ci-dessus, d'une longueur totale de 134^{k},570, on a exécuté les ouvrages d'art suivants (c'est l'existant actuel, en tenant compte de l'observation faite plus haut) : 31 aqueducs variant entre 0^{m},40 et 1^{m},80 d'ouverture, 8 ponceaux de 2 à 6 mètres, 5 ponts de 11^{m},50 à 19^{m},80, le pont de Leybar, de 120 mètres d'ouverture. Les ouvrages d'art construits du côté de Dakar ont été faits avec les pierres provenant des carrières du Sénégal. Le pont de 120 mètres d'ouverture construit sur le marigot de Leybar (côte Saint-Louis) a été exécuté avec des moellons et de la pierre de taille venant de France. Les piles de ce dernier ouvrage sont fondées sous 7 mètres d'eau.

La campagne suivante, 1884-1885, devait voir l'achèvement de la ligne. Le personnel de la Société de construction arriva à Dakar le 29 novembre, le personnel ouvrier le 9 décembre. Le recrutement ayant été fait dans de bonnes conditions, la valeur des ouvriers était grande, ce qui a permis de pousser les travaux avec beaucoup d'activité. Aussi on put livrer à l'exploitation : le 1er février 1885, la section de Goumbo-Gueoul à Louga, 20^{k},450; le 16 mars 1885, celle de Tivaouane à N'Gaye Meké, 27^{k},680; le même jour, celle de Kebemer à Goumbo Gueoul, 16^{k},760; le 1er mai 1885, celle de Ngaye Meké à N'dand, 21^{k},920.

La pose du dernier rail a eu lieu le 12 mai 1885. M. Seignac-Lesseps, gouverneur, enfonça lui-même les deux derniers crampons, et enfin la ligne entière, d'une longueur totale de 264k,202, fut inaugurée par le gouverneur, et ouverte, après réception définitive, le 6 juillet 1885.

Il n'y eut d'exécutés dans cette campagne que 3 aqueducs de $0^m,60$ et un ponceau de 2 mètres, tout autre ouvrage d'art dans la région parcourue ayant été jugé superflu.

Les stations et haltes se composent comme suit :

A Dakar : une station de voyageurs, une de marchandises, avec le service général de l'exploitation, les magasins, dépôt, ateliers, remises pour locomotives et voitures, etc. (Les terrains pour la construction de la station de voyageurs de Dakar n'ayant été remis à la compagnie que le 24 mai 1885, cette construction a été retardée, mais est maintenant terminée.)

A Rufisque : une station et une halle aux marchandises;

A N'dand : une station avec un petit dépôt et une remise pour quatre machines;

A Saint-Louis : une station de voyageurs, une de marchandises avec un petit atelier, une réserve de locomotives et voitures, etc., enfin huit autres stations intermédiaires et cinq haltes.

Le prix kilométrique porté dans la convention passée entre la Société de construction des Batignolles et l'État est de 68,000 francs. Il convient d'y ajouter environ 500,000 francs dépensés en travaux complémentaires, ce qui met, en tout, le kilomètre à environ 70,000 francs, matériel fixe et roulant d'exploitation compris.

Étant donné que tous les éléments qui ont servi à la construction, tous les matériaux, même de la pierre, tout le matériel, traverses comprises, jusqu'au dernier clou, tout est venu d'Europe obéré d'un montant de fret considérable variant de 25 à 45 francs la tonne; que le personnel de la construction et le personnel dirigeant ont été rémunérés en raison de ce gros déplacement, ce prix, même pour une voie d'un mètre, comme celle-ci, est relativement minime. Ajoutons qu'il ne peut être pris comme base d'une opération ultérieure. Le chemin *à l'européenne* est fait. Il fonctionne. Mais il a créé en plein désert des centres, où chaque maison de commerce *installée* vivra encore longtemps de ses propres ressources. A côté du village « commerce », il est urgent d'installer un centre « construit » d'agents d'exploitation. Ce n'était pas seulement un chemin de fer à exécuter, mais un parcours de 250 kilomètres d'Europe, avec ses ressources, ses installations existant bien avant les voies ferrées, qu'il y avait à créer. Il y avait donc, et il y aura pour toute voie nouvelle, beaucoup plus à faire. Dans ces conditions on ne peut estimer à moins de 100,000 francs par kilomètre le prix de revient d'un chemin de fer dans ces régions, si l'on veut que l'œuvre accomplie soit viable.

Quoi qu'il en soit, le personnel de la construction, aussi bien le personnel dirigeant que celui des ouvriers venus de France et d'Italie, a été nombreux; ce dernier, quoique coûtant fort cher, a été considérable relativement au nombre d'indigènes employés, et il le fallait.

L'expérience faite pendant la construction du chemin de fer de Dakar à Saint-Louis a permis de reconnaître que trois ouvriers maçons indigènes ne produisent pas plus qu'un maçon européen.

Les noirs ne peuvent rendre quelques services comme terrassiers qu'à la condition d'être encadrés avec des Européens; malgré cela le noir ne produit pas le tiers du travail d'un Européen. (M. Blondelet, directeur des travaux.)

Nous avons examiné le prix de revient « argent » d'une

voie ferrée dans ces pays lointains; voyons maintenant le prix de revient « vie humaine », ce qui n'est pas le moindre élément de la question pour tous travaux ultérieurs à y exécuter, puisqu'il est démontré qu'on ne peut se priver de l'élément européen, ni comme personnel dirigeant, ni même comme personnel travailleur.

Laissons de côté l'accident arrivé dès le début à MM. Fontaine et à leurs trois compagnons et ne tenons compte que de la période des travaux.

Il a été employé à la construction, du 3 décembre 1882 au 26 juillet 1883, comme personnel européen, 50 ingénieurs et agents, 570 ouvriers; pendant la 2e campagne, du 10 décembre 1883 au 26 juillet 1884, 53 ingénieurs et agents, 750 ouvriers; enfin, dans la dernière, du 12 décembre 1884 au 1er août 1885, 55 ingénieurs ou agents, 707 ouvriers. Au chiffre de ces ouvriers, il faut ajouter, pour chaque campagne, plusieurs centaines de noirs.

La mortalité sur les ingénieurs européens a été nulle. Quant aux ouvriers européens, il en est mort : la 1re campagne, 6; la 2e, 8, la 3e, 11; soit au total 25 sur 2,027, en 24 mois, ce qui, en comptant les ingénieurs et agents, donne, à peine, un peu plus de 1,2 pour 100 de déchet par 12 mois de travaux. C'est un minimum qui n'a pas toujours été atteint, en France, et peut-être jamais en Algérie.

Cette expérience nous paraît concluante à démontrer que la main-d'œuvre européenne peut être employée sous les tropiques, *pourvu que les conditions d'administration et d'hygiène auxquelles sont soumis les ouvriers, soient bonnes,* bien étudiées, et leur travail restreint aux limites de temps et de saison que le climat comporte. On peut tout y faire comme ailleurs, à condition que tout soit prévu, toute installation prête à l'avance par les soins du personnel dirigeant, de manière que la main-d'œuvre transportée soit utilisée dès le débarquement jusqu'au rembarquement, dont la date ne peut être retardée sans péril.

Les conditions de l'exploitation sont plus dures, quoique possibles. La direction, à tous les degrés, de tous les services, doit rester européenne. La grosse masse des manœuvres et des ouvriers ordinaires est prise parmi les noirs. Mais le personnel directeur reste considérable, il doit fournir du travail même en hivernage, et surtout dans cette saison qui est la plus dure à traverser par les Européens. Ce serait désastreux au point de vue sanitaire, et la troisième campagne de l'exploitation vient de le prouver, si l'on n'avait pour y remédier deux solutions : la première, d'application immédiate et pratique, consiste à multiplier ce personnel, de manière à pouvoir accorder sans inconvénients aux agents européens des congés bisannuels, et au besoin des congés inopinés pour cause de fatigue constatée, et, il faut en convenir, cette solution, qui est la seule actuellement praticable, représente une grosse dépense; la deuxième ne dépend que du temps et de la pratique courante des chemins de fer au Sénégal. Jusqu'à ce jour l'élément manœuvre de l'exploitation, à part quelques ouvriers d'art peu nombreux, a seul été emprunté à la race indigène. Or les personnalités prises dans ce dernier élément ne peuvent que s'accroitre en quantité et en qualité par le fait même de l'exploitation des chemins de fer exécutés, ou qui le seront. Pareille expérience, plus facile, peut-être, en raison du goût inné que les noirs de la côte surtout, ont pour la navigation, a donné d'excellents résultats à bord des avisos à vapeur de l'État. Quoi qu'il en soit et de longtemps encore, bien que tous les chauffeurs de locomotive soient noirs, et que, parmi eux, il y en ait de bons, on n'oserait pas confier en ce moment la conduite d'un train à un noir, quel qu'il soit.

Ajoutons que la « navigation de terre » devient aussi populaire au Sénégal que la navigation fluviale ou maritime. Dans le langage courant des noirs, la locomotive c'est l'aviso; la draisine, la baleinière.

Enfin, si jamais ce chemin de fer prenait une extension dont il sera parlé plus loin, rien ne serait plus facile que de créer dans les hautes montagnes du Fouta Dialon un sanitarium et un dépôt de convalescents, qui ne seraient probablement pas utilisés seulement par le personnel du chemin de fer.

Les bénéfices nets que donnera l'exploitation de la ligne de Dakar à Saint-Louis ne pourront être suffisamment appréciés qu'après une période complète de plein exercice. L'exploitation des tronçons successivement ouverts depuis la première inauguration de section, le 27 juillet 1883, jusqu'à l'inauguration définitive, le 6 juillet 1885, ne peut fournir à cet égard que des prévisions incomplètes. Il ne faut pas oublier, en effet, qu'une des causes déterminantes de la création de cette ligne ferrée est la nécessité de suppléer aux incertitudes qu'oppose la barre du Sénégal aux voyages maritimes de Dakar à Saint-Louis, par une voie de terre, au moins aussi rapide, praticable et productive de trafic en tous temps. D'autre part la grande période de la traite (commerce), au Sénégal, a lieu de décembre au commencement de juillet. Or ce n'est que le 6 juillet dernier que les deux tronçons du chemin de fer commencé par les deux points terminus Dakar et Saint-Louis, ont été définitivement réunis, et que le parcours entier a été exploité.

Mais déjà des résultats matériels d'un autre ordre avaient été obtenus. Des centres commerciaux importants se sont formés sur le parcours de la ligne : Thiès, point de jonction des routes du Cayor, du Djoloff, du Sine et du Baol ; Tivaouane, au milieu du Cayor ; M'Pal, au point de jonction des routes du N'diambour, du Oualo, du Djoloff, du Bounoun et du fleuve par le lac de Guiers, ont vu s'élever des comptoirs. Ces points, Thiès principalement, seront des villes à bref délai (1). Tout le long de la ligne, l'achat direct aux producteurs ou aux intermédiaires rapprochés, a été substitué à l'achat aux caravanes des convoyeurs maures ; qui passaient le fleuve avec leurs nombreux chameaux, et faisaient monter les transports à des prix exorbitants supportés à la fois par le producteur indigène et l'acheteur européen.

En dernier lieu, et jusqu'au 6 juillet 1885, les trains de voyageurs et de marchandises ne circulaient que de Dakar à N'dand, et de Saint-Louis à Kebemer, et l'exploitation, divisée ainsi en deux parties distinctes, ne pouvait donner des résultats comparables à ce qu'elle sera dans l'avenir ; les 14 kilomètres de dunes boisées, sans route, qui séparaient N'dand de Kebemer étant infranchissables aux voyageurs, encore plus aux marchandises.

Quoi qu'il en soit, voici les résultats du trafic du 1er janvier au 1er juin 1885 :

Voyageurs.	150.000 fr.,
Bagages et chiens.	15.000 —
Marchandises grande vitesse	12.500 —
Marchandises petite vitesse.	222.000 —
Total :	399.000 —

(1) Les terrains avoisinant la gare de M'Pal, mis aux enchères après lotissement, se sont vendus plus de 60.000 francs. Le chemin de fer, seul, leur avait donné une valeur. Le lotissement de Thiès est fait.

Toutes les stations de Thiès à Saint-Louis seront bientôt des centres commerciaux européens.

Pendant la même période les quantités transportées d'arachides ont été :

Du côté Dakar, de	7.976.283 kilogr.
Du côté Saint-Louis, de. . . .	5.367.573 —
Total :	13.343.856 — (1).

A cette époque la récolte de cette graine ayant été bonne, la traite durait encore. On ne peut évaluer donc à moins de

(1) « L'arachide est appelée communément pistache de terre. Le nom pistache lui vient de son goût d'amande, son mode de fructification lui a valu l'additif « de terre ». Comme les légumineuses de nos jardins, elle donne, sur une tige aérienne, des fleurs en forme de papillons. Mais le ventre du papillon, — ce qui dans nos légumes devient la gousse de fève, de pois, de haricots, — pousse en pointe vers la terre et se recourbe. Par tous ces filaments qui partent de chaque fleur, la tige se trouve attirée et contenue à terre; l'extrémité de ces filaments devenue souterraine sera la gousse. Dans l'arachide, la fleur est fécondée dans l'air, le fruit mûrit en terre.

« Pour la récolte, si l'arachide a poussé sur le terrain sablonneux du Cayor, il suffit d'attirer la plante à soi, elle arrive chargée de ses fruits; l'agriculteur la secouant sur un morceau de bois, sépare les gousses, qu'il vendra, de la fane qui tiendra lieu à son cheval de foin et d'avoine.

« Dans les pays argileux on ne peut exercer une traction sur la plante, sans briser les faibles liens qui l'unissent aux fruits retenus par un sol compact; il faut alors ameublir préalablement la terre, en la battant avec des fléaux : dans une culture avancée, on passe un rouleau à saillies.

« Les arachides du haut Sénégal sont plus riches que celles du Cayor. » (RICARD, p. 234, 235.)

Ceci prouve, d'abord, que l'arachide ne pousse pas comme la pomme de terre, question de culture qu'il est bon de résoudre en passant, puisque le contraire a été écrit; puis, que l'arachide réussit au Sénégal autant dans le sable que dans les terrains argileux, c'est-à-dire qu'elle y pousse et poussera partout quand on voudra, et qu'elle y donne, comme toute culture *naturelle* au pays, un rendement commercial lorsque l'on veut s'en occuper.

En effet, le développement de la culture de l'arachide ne date pas de si loin. Car ce n'est que « vers 1840, que la découverte des principes oléagineux de l'arachide, signalés par un négociant marseillais, établi à Gorée, M. Jaubert, donna une impulsion nouvelle aux travaux agricoles. Depuis lors, la production de ce fruit précieux a pris des proportions imprévues qui ont fait de lui la richesse de la Sénégambie. Les bénéfices matériels que procurait la traite ont été plus que doublés par le commerce des graines oléagineuses ». (FALLOT, p. 33.)

quinze millions de kilogrammes les arachides transportées cette année par le chemin de fer.

Or, si nous n'avons pas le total des arachides exportées cette année de la Sénégambie, nous avons la certitude expérimentale qu'elle n'est pas inférieure au chiffre élevé de l'année 1881 (59.970.115 kilogrammes, soit environ 60 millions de kilogrammes).

Ces quinze millions de kilogrammes transportés par voie ferrée représentent une partie notable de la production du N'diambour, du Cayor, une partie moindre de celle du N'diander, et du Baol, encore moindre du Sine, rien du Saloum. Le reste est fourni par le Haut-Fleuve, le bas de la côte, le Baol, le Sine. Or, quand le Cayor donne quinze millions de kilogrammes d'arachides, le Sine et Saloum, à eux seuls, en donnent trois fois plus. L'importance des importations est en conséquence.

Malheureusement, en ce moment, la majeure partie du commerce du Sine se fait par la rivière de Saloum. Il y a bien quelques représentants de commerce établis à Fatik, dans la capitale du bour (1) Sine. Mais les vexations arbitraires et continuelles de ce petit despote nègre ont de plus en plus éloigné le commerce, qui s'est vu forcé de se retirer en face, sur la rive gauche du Saloum, à Foudioum.

Passe encore, si cette rivière était facilement navigable. Mais les armateurs eux-mêmes qui l'exploitent, seraient heureux de ne plus exposer dans ces parages des bâtiments qui représentent une valeur considérable. Or, ces armateurs, comme la maison Maurel et Prom, de Bordeaux, par exemple, s'assurent eux-mêmes; les autres, pour le voyage,

(1) Le bour est le chef du Sine, comme le damel l'est celui du Cayor, le teigne, celui du Baol, le lam, celui de Toro, le brack, celui du Oualo, le mansa, celui du Ouli, etc.

paient des primes d'assurances tellement élevées, que la concurrence des maisons rivales les détermine, seule, quelquefois, à le faire. Pour tous donc, une communication autre avec leurs établissements du Sénégal, serait accueillie avec reconnaissance.

La rivière du Saloum avait du reste été un peu abandonnée. Jusqu'à ce jour la seule carte existant de l'entrée du Saloum était une carte anglaise datant de 1828. Pour la rivière elle-même, on n'avait que la carte du Baol et du Sine, du capitaine d'état-major Martin. Cette carte, publiée en 1868, après la mort de son auteur, par les soins du ministère de la marine, porte l'indication suivante : « L'auteur de la carte a employé les travaux antérieurs suivants : carte du Saloum dressée en 1861 par M. Jardez, enseigne de vaisseau, commandant la canonnière à vapeur *la Bourrasque.* » Mais cette dernière carte ne fournissait aucune donnée sur l'entrée de la rivière.

Or, depuis la carte de 1828, les passes de l'entrée du Saloum, en 1884, étaient, ce qui n'étonnera aucun de ceux qui ont pratiqué les fleuves africains, complètement changées. C'est à cette dernière date que l'aviso *le Goéland*, commandé par le lieutenant de vaisseau Coffinières de Nordeck, fut envoyé dans cette rivière, qui n'avait pas été visitée par un bâtiment de l'État depuis longues années. En arrivant sur les passes, le commandant de l'aviso reconnut que le régime de la barre était complètement modifié. Comme il avait la mission d'aller en avant, il pénétra par un chenal qui lui parut praticable. Il s'y échoua, et eut, pour se remettre à flot et franchir le point dangereux, de grandes difficultés. A partir de là jusqu'à Foundioum, la navigation fut reconnue relativement assez facile. A peine arrivé à Foundioum, le commandant du *Goéland* apprit qu'un trois-mâts français avait échoué à l'entrée du Saloum, en face Sangomar. Il partit, et rejoignit la pleine mer assez facilement, en suivant une passe meilleure, que l'expérience précédente lui avait fait présumer bonne. Il fut assez heureux peur dégager le trois-mâts en souffrance, *le Mame*, de la maison Buand et Teysseire, sur lequel *le Condé*, de la maison Maurel et Prom, venu à son secours, venait en vain de casser toutes ses remorques pour le remettre à flot, *le Mame* dut s'alléger, en jetant par-dessus bord plus de cent tonnes de marchandises.

Depuis, en 1885, *le Goéland* fit un nouveau voyage, poussa jusqu'à Kaolak, et reconnut que, de Foundioum à ce dernier point, *dans la bonne saison, qui n'est pas celle des transactions commerciales*, la navigation était possible, sauf au milieu du parcours où il y a un passage difficile. Les navires de la dimension du *Condé*, cité plus haut, ne pourront jamais s'y engager sans danger. D'autre part, à la descente, ils ne pourront passer la barre que suffisamment lèges, subissant ainsi une limite restreinte de chargement, par suite une diminution de trafic et de bénéfice, à moins qu'ils n'aient recours, sur la barre même, à un double transbordement à l'aide du moyen coûteux et incertain des allèges.

Le commandant du *Goéland* conclut à la nécessité pour l'État d'établir un poste de pilotes à la barre du Saloum. Il suffit de jeter les yeux sur le budget du Sénégal, de voir ce que coûte annuellement le pilotage à la barre du grand fleuve, pour faire renoncer à cette proposition, dont l'exécution ne répond pas, comme dans le cas précédent, aux besoins d'une longue et, en partie, sûre navigation ultérieure (1).

(1) Les renseignements techniques relatifs à la navigation du Saloum viennent de paraître dans une publication de la Direction générale des services

VI.

En définitive, voici entre Thiès et le Saloum un pays riche, le Sine et les bords rive droite du Saloum, avec lequel tout négoce est impossible par suite des caprices du bour Sine, qui ont forcé les négociants de Fatik à reporter leurs établissements, d'abord sur la rive droite du Saloum, à Foundioum, puis, ce point étant trop malsain, sur Foundioum rive gauche, qui ne l'est guère moins. Et pourtant le dernier traité passé avec ce roitelet est du 13 novembre 1877 (1)! La traversée du Baol, qui se trouve entre nos possessions et le Sine, est assurée par le traité du 6 mars 1883 entre le teigne Baol et M. Servatius, alors gouverneur, traité dont le roi du Baol serait heureux, nous le savons, de voir exécuter les conditions, principalement en ce qui concerne la voie ferrée (2). Enfin le commerce de la région est tellement important que, malgré les risques de la navigation du Saloum, les maisons de France engagent dans cette rivière des navires de haut tonnage, regrettant qu'ils ne puissent aller de Foundioum jusqu'à Kaolak, ce qu'ils ne pour-

hydrographiques de la marine : Notice hydrographique, n° 19, 1885 ; *Côte occidentale d'Afrique, Sénégal et rivières du sud*, par M. Coffinières de Nordeck, lieutenant de vaisseau, commandant *le Goéland en* 1884 ; Paris, typographie Chamerot, 19, rue des Saints-Pères ; 1885.

(1) *Annales sénégalaises*, p. 412.

(2) Le damel du Cayor perçoit sur tous les produits exportés de son pays un impôt de 3 %. Chaque station étant devenue un principal débouché du commerce, son système de collection d'impôt s'est simplifié tout en demandant moins de personnel et rapportant davantage. Dans une visite qu'il rendit récemment au damel, le teigne du Baol fut frappé de ce résultat et déclara qu'il allait demander aux Français de faire traverser ses États par un chemin de fer.

ront jamais faire, la passe, au retour, à l'embouchure, étant d'ailleurs toujours d'accès aléatoire et difficile.

Qu'y a-t-il à faire pour parer à une situation aussi désastreuse?

Nous sommes certain qu'un chemin de fer de Thiès, point indiqué de jonction avec la ligne de Dakar-Saint-Louis, à Fatik et au Saloum, serait accueilli avec reconnaissance par les armateurs de Bordeaux et de Marseille, qui ne demandent qu'à ne plus risquer dans cette rivière des navires de fort tonnage, à voile ou à vapeur, très chers; mais qui, étant donnée la richesse du pays, sont encore les seuls qui puissent être utilement employés pour le trafic. Le prolongement de cette voie ferrée de Fatik à Kaolak serait indispensable à faire pour qu'on pût recueillir tous les produits de la région.

Il y a longtemps, du reste, que le gouvernement a songé à installer un poste à Fatik pour y protéger le commerce. Mais à quoi sert un poste en l'air, sans communications? a créer de nouveau des luttes du genre de celles dont le Cayor a été si longtemps et si infructueusement le théâtre, et auxquelles la voie ferrée a seule pacifiquement mis un terme.

Enfin, si on prolongeait de Thiès à Kaolak, par Fatik, la voie ferrée actuellement existante entre Dakar et Saint-Louis, les bénéfices de l'exploitation de cette dernière ligne seraient facilement doublés, comme nous l'avons exposé au sujet de la production d'arachides et de l'importance de la navigation du Saloum. La longueur totale de voie à construire de Thiès à Fatik serait de 84 kilomètres, et de Fatik à Kaolak de 38, soit, au total, en ligne droite, de 122 kilomètres, et, avec les détours imposés au tracé par les ondulations du terrain, d'environ 140 kilomètres.

La région entre Thiès et Fatik est sablonneuse et aussi saine que le Cayor et demandera peu de travaux d'art. Il en est de même, paraît-il, de Fatik à Kaolak : les indigènes de ce dernier village ont affirmé à M. Coffinières de Nordeck que la route qui unit ces deux points n'est jamais inondée et est praticable en tout temps. Il en serait ainsi, paraît-il, également de la route de Fatik à Joal.

L'exécution de l'embranchement Thiès-Fatik-Kaolak fera remonter au nord tous les produits qui prenaient la voie du Saloum, et pour ceux qui, déjà, venaient à Thiès et à Rufisque, supprimera le lourd tribut que paient les cultivateurs, pour les transports, aux caravanes des Maures (1).

Cette fois encore, cet intermédiaire coûteux disparaîtra au grand bénéfice du commerce et sera remplacé, ainsi que celui des « maîtres de langues », par des établissements aux abords des stations de la voie ferrée. Disons, entre parenthèses, que les maîtres de langues sont des employés payés cher, généralement Maures eux-mêmes, ou quelquefois Toucouleurs, qu'on envoie au-devant des caravanes et qui les amènent sur les marchés de Rufisque, de Saint-Louis etc. Chaque maison de commerce a ses maîtres de langue. Tous se font une concurrence déloyale ; peu sont fidèles. Aussi, quand une caravane a été engagée au loin pour apporter ses marchandises à une maison de commerce, n'est-

(1) Pour un transport de Thiès à Rufisque, 41 kilomètres, le minimum de prix d'un chameau est de 17 francs ; or il faut en moyenne cinq chameaux pour porter une tonne d'arachides (1,000 kilos), ce qui met le prix de transport d'une tonne à 85 francs. Il n'est point vrai d'ailleurs que, pour les caravanes, le temps et la distance ne comptent pas. Car ce prix, déjà élevé, augmente parfaitement en proportion de ces deux éléments qui, pour les Maures comme pour nous, sont les bases de la rémunération du travail. Le prix de transport d'une tonne d'arachides de Thiès à Rufisque par chemin de fer ne s'élève pas à 11 francs !

il pas rare que, malgré les cadeaux déjà faits au chef de la caravane, celle-ci, en entrant en ville, vienne s'arrêter devant une autre maison, sans qu'on puisse conclure de ce fait à la duplicité des Maures convoyeurs ou à la complicité des deux maîtres de langue, ce changement de destination pouvant très bien avoir l'une ou l'autre et même l'une et l'autre causes.

Ajoutons à cela que les convoyeurs maures sont tous en même temps des colporteurs de fanatisme musulman; aussi, à tous les points de vue, leur remplacement, partout où faire se pourra, par l'achat direct au producteur, sera-t-il avantageux à la fois à notre commerce et à notre politique coloniale.

VII.

Nous relisions dernièrement ces lignes empruntées à la publication officielle : *Sénégal et Niger :*

Après avoir rappelé l'opinion défavorable de MM. Nactigal et Leutz sur le chemin de fer transsaharien, M. le comte de Saint-Vallier continue ainsi qu'il suit :

« La France, d'après ces deux voyageurs, aurait au contraire une belle et admirable mission civilisatrice à remplir, si elle portait ses efforts, ses capitaux, sa puissance d'expansion sur les contrées avoisinantes de l'Algérie et du Sénégal, en limitant sagement sa tâche et en avançant peu à peu dans une voie qui serait féconde si chaque pas en avant avait été proportionné à la base solide qu'un progrès antérieur aurait permis de constituer (1). »

Cette base solide existe; la conséquence prévue de son développement s'impose; la continuation du chemin de fer

(1) *Sénégal et Niger*, p. 37.

de Dakar à Saint-Louis jusqu'au Saloum par Fatik et Kaolak sera et doit être faite.

Il faut convenir, du reste, que le tracé de cette voie avait été, au point de vue politique et commercial, bien étudié par le gouvernement.

Au lieu de suivre directement la ligne de la côte, malsaine, ne donnant guère comme produit que le vin de palme des « niayes » (1), on l'a courbé sur Rufisque et Thiès, de manière à lui faire traverser ensuite tous les centres agricoles de Cayor, qui sont en même temps les centres de population, et ont été longtemps les appuis de la résistance du damel.

Le résultat a été la conquête commerciale et politique de la région. Il en sera de même pour le chemin de fer du Saloum

Or, de Kaolak à Bamakou, sur le Niger, il n'y a pas, en ligne droite, 900 kilomètres. D'autre part, la voie ferrée Kayes-Bafoulabé-Bamakou, ne peut rester en l'air avec une base d'opérations aussi incertaine que Kayes pour point de départ. Il faudrait la prolonger au moins jusqu'à Mafou, à 60 kilomètres seulement au-dessus du Podor, pour pouvoir la ravitailler par le fleuve en toute saison. Nos luttes incessantes avec le Fouta rendent le problème tellement incertain que c'est bien en partie pour cela qu'on s'est décidé à prendre Kayes comme point de départ.

Le tracé de MM. Marly et Jacquemart par M'Pal, Mérinaghen et Bakel et au delà, présente le même inconvénient. Il a de plus celui d'être immense.

(1) On appelle ainsi les bois de palmiers. Les niayes s'afferment et le prix du fermage est assez élevé. Les noirs seuls boivent du vin de palme. La datte, tant de ce grand palmier que du palmier nain, très commun là-bas et qui est l'ornement des serres parisiennes, est comestible, mais ne peut constituer une branche de revenu.

Le tracé de MM. Monteil et Sorin à travers le Bounoun, à peu près inhabité, le Djoloff et le plateau désert et sans eau du Ferlo jusqu'à Bakel, tourne bien le Fouta, il est vrai, mais en sacrifiant le trafic à la question politique et stratégique. Or, pour mener à bonne fin une vaste entreprise de ce genre, il faut inspirer la confiance aux capitaux, et, pour cela, dans tout le parcours, ne traverser au fur à mesure que des pays de production.

Ce n'est pas en suivant constamment la même route et en se butant annuellement aux mêmes difficultés, contre Abdoul Boubakar dans le Fouta, Samory dans le Bouré et aux bords du Niger, Ahmadou dans le pays de Segou, que nous voyons la solution du problème. Certes les efforts accomplis dans ce sens sont brillants, et même à un certain point de vue fructueux. L'attaque de front d'une position n'a jamais nui, au contraire, au succès d'un mouvement tournant. Mais quand le moment profitable est venu de faire ce dernier, il faut le faire.

Telles sont les conditions générales qui nous ont amené logiquement à concevoir le projet du tracé Thiès-Fatik-Kaolak-Bamakou.

Sans le savoir, et longtemps avant d'avoir écrit ces lignes et lu la brochure de M. Fallot, nous nous trouvons, par un hasard heureux, coïncider de vues avec ce modeste historien du Sénégal, trop peu connu, et qui a écrit sur ce pays un résumé historique, le plus succinct, et en même temps le plus complet que nous connaissions.

Il y avait, dit-il en parlant du projet de MM. Monteil et Sorin, quelque chose de juste dans la pensée d'éloigner la ligne du cours du Sénégal. Il nous semble, en effet, que, si dans un avenir lointain, le chemin du fer du Soudan doit être prolongé jusqu'à la côte, ce sera à travers les pays qui séparent le Sénégal de la Gambie. Ce chemin de fer, intersénégambien, pour employer une expression du docteur Ricard (1), traverserait le Bambouk, franchirait la Falémé vers Sansanding, passerait par la partie méridionale du Bondou, parcourrait le Woli, le Niani, le Saloum, le Sine et le Baol, et aboutirait à Thiès ou à Rufisque, sur la ligne de Dakar à Saint-Louis, drainant vers le grand port de notre colonie tous les produits de la colonie.

Cet avenir n'est pas si lointain, puisque la ligne Thiès-Fatik-Kaolak, qui en est l'amorce, est devenue nécessaire en raison de sa productivité démontrée.

Pour aller au plus court, de Kaolak au Niger, le tracé général devrait avoir une inclinaison sud d'environ huit degrés sur le parallèle de Kaolak, laisserait au nord le pays désolé de Ferlo, pour traverser le Niani, le Ouli et le Boundou, passerait la Falémé à 30 kilomètres au sud de Sansanding (2); il se continuerait ensuite dans le Bambouck, franchirait le pâté montagneux qui sépare la Falémé du Bafing, par le défilé qui se trouve entre le Tambaoura et le Biebédougou, passerait au nord du coude qu'il fait à hauteur de Koundia, vers Diaka; puis, suivant qu'il se dirigerait sur Bamakou ou Koulikoro, dans la direction de Bamakou, franchirait le Bakoy en face de Bandiougoula, aborderait le fort de Kita par le sud, passerait le Bandi-Ko au sud de Banamassou, puis le Baoulé, en évitant le pic de Sirinkourou, et arriverait ainsi à Bama-

(1) Note de l'ouvrage de M. Fallot : « Il appelait ainsi un canal dont il proposait la construction entre la Falémé et la baie de Gorée; un chemin de fer aurait les mêmes avantages politiques et économiques, sans rencontrer les mêmes difficultés d'exécution. Il est douteux qu'après la saison des pluies, la Falémé pût alimenter un semblable canal. »

(2) « La Falémé contient des sables aurifères depuis Tomboura, à 20 kilomètres au-dessous de Sansanding, jusqu'à Lahaudy, à 72 kilomètres au-dessus. (RAFFENEL, p. 400.)

kou; ou bien, dans la direction de Koulikoro, franchirait le Bakoy à 30 ou 35 kilomètres au-dessus du point précédent, aborderait Kita par le nord, traverserait le Bandiko au point où passe la route de Kita à Maréna, longerait le versant sud du mont Bangassi, s'arrêterait au poste de Koundou, pour se diriger de là droit sur Koulikoro.

Il paraît certain, d'après les renseignements qui nous sont parvenus, qu'il eût été préférable de prendre pour emplacement du poste d'arrivée sur le Niger, Koulikoro au lieu de Bamakou. Nous préférerions néanmoins le premier tracé au second, d'abord parce que Bamakou, ayant été construit récemment, ne peut être abandonné sans inconvénient, ensuite parce que le tracé par Bamakou s'éloigne davantage du Sénégal, se rapproche du Niger, et donne aux voies de communication existantes ou projetées dans la région qui sépare le bassin des deux fleuves, un angle plus ouvert qui représente une zone d'action et d'occupation plus étendue.

On en sera quitte pour prolonger le chemin de fer un peu plus loin jusqu'à Koulikoro, et même au delà, jusqu'à Djéméri, si le récit de l'envoyé de Tombouctou, Abd-el-Kader ould Bakar, est vrai, et qu'à partir de ce dernier point, le Niger soit toute l'année navigable (1). Le jour où ce travail sera accompli, le Niger est à nous.

Or, dans l'état actuel, et une fois la colonne de ravitaillement des postes du Haut-Fleuve et du Niger passée (et elle ne peut passer que pendant une saison très courte, déterminée à l'avance, en suivant le long détour du Sénégal et de la marche pénible de Bafoulabé à Bamakou), tous les

(1) Renseignements fournis par M. le capitaine Monteil, sur la foi d'Abd-el-Kader ould Bakar lui-même.

désordres qu'elle aura pu réprimer pourront se reproduire pendant la longue saison où notre action militaire est impossible, de mai à décembre : les fauteurs de ces désordres peuvent même échapper au châtiment qu'ils méritent, en évitant la colonne qu'ils ont appris à redouter, sauf à revenir après son passage, les garnisons de nos postes ne pouvant suffire qu'à les garder sans leur permettre d'action extérieure au dehors, surtout à cette époque de l'année.

Il n'en sera plus de même le jour où tout mouvement sérieux, connu, pourra être prévenu ou réprimé en toute saison, lorsqu'une colonne de la force de la précédente, arrivera complètement fraîche et sans pertes sur le terrain, un ou deux trains suffisant à la transporter en trois jours, sans fatigue, de Kaolak à Bamakou sur les points ou à proximité des points menacés. Un ou deux exemples de cette nature, terribles en raison de leur instantanéité, suffiront à paralyser à jamais la résistance des agitateurs musulmans de cette portion du Soudan.

Le tracé de la ligne touche par le sud aux limites nord du Fouta Dialon, qu'elle côtoie. Or ce riche et salubre, pays, déjà parcouru par le lieutenant de marine Lambert, en 1860, nous est désormais attaché par les traités que M. le docteur Bayol a conclus avec ses principaux chefs en 1882. « L'accueil plein de cordialité qu'ont reçu à Timbo les deux ambassadeurs que la France y a envoyés, MM. Lambert et Bayol, le désir exprimé à plusieurs reprises par les habitants du Fouta Dialon d'entretenir avec notre pays des relations commerciales plus suivies, l'absence de fanatismere ligieux que l'on remarque en général chez ce peuple qui, bien que musulman, est intelligent et désireux du progrès, permettent de supposer qu'il verrait sans déplaisir un représentant de la France s'établir chez lui à demeure (1) ». Ce dire est confirmé dans le passé par les lignes ci-dessous, extraites de l'ouvrage si intéressant de Raffenel : « Les habitants sont de sévères musulmans qui poussent leur culte jusqu'au fanatisme; ils se piquent de haïr profondément les infidèles, à l'exception, cependant, des blancs, dont ils se disent descendants (2). »

Voilà donc, en passant, le Fouta Dialon pris à revers et pacifiquement dominé. En attendant un embranchement ultérieur de la voie ferrée, ses caravanes viendront rejoindre la station la plus proche.

Plus loin, les postes de Kita, de Koundou et même de Niagossoula se trouvent naturellement ravitaillés par la nouvelle voie ferrée. On pourra alors exécuter le tracé étudié en 1884-1885 par M. le capitaine Monteil, en prolongeant la ligne Koundou et Makadiambougou jusqu'à Bafoulabé. On l'a vu, les exploits des El Hadj Omar et des Samory ont leur retentissement dans le Sénégal jusqu'à Podor. — De même, l'exécution de ce projet apaiserait, désormais, pacifiquement, toutes les résistances, jusqu'à Mafou, point à partir duquel le Sénégal étant toute l'année navigable jusqu'à la mer, il est inutile de créer des voies de terre toujours coûteuses.

C'est la conquête et l'exploitation du Soudan entre le Sénégal et le Niger jusqu'au lac Tchad, accomplie presque pacifiquement et sans luttes ultérieures à redouter. « Le pays de Woulia, au sud du Tchad est, dit le docteur Barth, l'une des contrées les plus fertiles et les mieux arrosées non-seulement de ce continent, mais encore du monde entier.

(1) Fallot, page 138.
(2) *Voyage dans l'Afrique occidentale*, p. 302.

Quel vaste champ, s'écrie-t-il ailleurs, eussent offert à la culture européenne ces avant-postes des montagnes du Wandala, avec la plaine fertile couchée à leurs pieds (1). »

M. Fallot ajoute : « La population est relativement dense, on peut l'évaluer sans exagération à 40 millions d'âmes. Les villes de 8 à 10,000 habitants ne sont pas rares, et plusieurs dépassent ce chiffre que l'on chercherait en vain dans toute autre partie de l'Afrique noire. »

C'est l'occupation du Niger, avec ses cultures industrielles, qui n'attendent que la direction européenne pour rendre un maximum.

L'historique du développement de la culture de l'arachide démontre, en effet, que le noir, que l'on prétend si peu progressif, cultive néanmoins la terre en raison de la rémunération qui lui est offerte, et que ses besoins augmentent avec ses revenus; il fait rendre à la culture industrielle tout ce qu'elle peut. — Or, dans le Sénégal comme dans le Niger, indépendamment des cultures qui nourrissent le producteur, telles que le mil, l'arachide, le sorgho, le riz, le sarrasin, et même, simultanément, la date comestible et le blé, au Niger, on récolte, on carde le coton, et on en fait des étoffes, on cueille l'indigo, et l'on en fait des teintures remarquables. Les caravanes de Fouta Dialon, en passant dans les forêts de caféiers sauvages, en font la récolte, brutalement même, puisqu'elles coupent parfois les arbres dont les fruits sont trop élevés pour être atteints, et les apportent ensuite au rio Nunez ou au rio Pongo surtout, où ce produit excellent, comparable au meilleur moka, se vend sous le nom générique de café Rio-Nunez, etc... Quant au tabac, nous

(1) Barth, t. III, p. 54 et t. II, p. 182, également cité par M. Fallot, p. 109.

lisons dans Barth, à propos de Bamba, ancienne ville située à 29 kilomètres de Tombouctou :

« Le tabac de Bamba est célèbre et très recherché sur tout le parcours du Niger sous le nom de scherikié, car tous les riverains du fleuve aiment beaucoup à fumer (1). » Ce tabac est tellement bon que les indigènes du Sénégal n'acceptent comme échange, en son lieu et place, que des tabacs d'Amérique. « Sans parler du reste de la côte occidentale d'Afrique, on importe annuellement d'Amérique dans le fleuve Sénégal pour plus de 700,000 francs de tabac en feuilles. J'ai dit plus haut qu'en petites têtes de quatre à huit feuilles, cette marchandise sert d'appoint pour les échanges (2). »

Ne citons que pour mémoire dans cette énumération la noix de kola, dont parle déjà Barth en 1854, comme étant une des marchandises d'échange importantes dans le Soudan. Le kolatier est l'arbre d'or du Fouta Dialon, arbre sacré qui ne peut être coupé sous peine de mort. Les propriétés de la noix de kola, qui renferme principalement des quantités notables de théine et de caféine, la feront certainement un jour, en Europe, rechercher comme matière alimentaire comparable au thé et au café. Nous ne pouvons préjuger en outre des propriétés thérapeutiques qui pourront lui être reconnues. La question est à l'étude.

Les richesses aurifères du Bambouk, du Sankaran, du Ouassoulou, du Niger sont incontestables (3) (voir les der-

(1) T. IV, p. 137.

(2) Ricard, p. 259.

(3) On trouve en outre des mines de mercure dans les environs de Bakel, vers le Boundou. Le mercure s'y rencontre dans les terres à l'état natif et par globules de près d'un millimètre de diamètre. « Les indigènes le recueillent en faisant des trous coniques à parois très inclinées, sur lesquelles roule le

nières publications, *le Bondou et le Bambouk,* par J.-J. Lamartiny ; Paris, au siège de la Société de géographie commerciale, 1884; puis les numéros 97, 98, 99 du *Bulletin des mines*, quatrième année; 1885; *Voyage du docteur Colin.*

D'après Barth, l'or qui se vendait en 1853-1854 à Tombouctou, pour aller de là au Marocou à Ghadamès, venait du Bambouk, sur le haut Sénégal, ou du Bouré, sur le Niger supérieur.

Nous ne pouvons que renvoyer aux pages intéressantes que le docteur Ricard a consacrées aux essais sur l'or dans son ouvrage sur le Sénégal (1). Citons seulement ce fait que six mois après l'abandon par l'État de l'exploitation de Kéniéba, « des négresses trouvaient un travail rémunérateur dans le lavage des terres, résidu de l'exploitation, quoique apportées auprès de l'eau à charge d'ânes. »

Ajoutons que la direction des chaînes de montagne de ces régions signalées comme aurifères affecte l'orientation méridienne, affirmant une fois de plus, à ce sujet, la loi de Humboldt, dont aucun fait récent n'a altéré la généralité, bien qu'elle ait été formulée avant la découverte des gîtes de la Californie et de l'Australie (2).

Ce n'est pas sans cause sérieuse que nous avons mis en relief l'importance certaine des gisements aurifères qui se trouvent dans le voisinage ou sur le parcours de la voie ferrée Thiès-Kaolak-Bamakou ou Kolikoro. Si la région à exploiter n'était pas riche en cultures industrielles faciles à développer, l'exploitation de l'or deviendrait quantité négligeable. Mais l'or attire les travailleurs du vieux monde;

précieux liquide. » (*Annuaire du Sénégal et dépendances* pour l'année 1882, page 63.)

(1) Ricard, pages 300 à 309.

(2) *Ibid.*, page 34.

et, somme toute, rien n'empêche que, dans ce centre africain d'une altitude suffisante et d'un climat relativement très sain, il ne se produise le même phénomène social dont l'Australie et la Californie nous ont donné un merveilleux exemple. C'est la mine d'or qui y amené le flot des émigrants; et c'est une portion intelligente de ces émigrants qui y a trouvé la vraie richesse dans l'exploitation agricole. A cet égard, et pour abréger, nous ne pouvons que renvoyer à nos auteurs pour ce qui concerne la qualité du bétail sénégalais et soudanien. Nous nous étonnons seulement que l'on n'ait pas encore songé à acclimater en Algérie le bœuf à bosse et à longues cornes du Oualo et des Maures, les essais d'élevage de bœufs de France n'ayant pas réussi dans notre colonie subméditerranéenne, et le bétail indigène y étant de qualité inférieure.

Sur tout ce parcours, il ne nous a été fait au point de vue du trafic qu'une objection qui pourrait être sérieuse. Le pays de Niani et surtout celui d'Ouli seraient presque déserts et improductifs. En ce qui concerne le Niani, les cartes d'abord, le trafic du haut Saloum, ensuite, mettent à néant cette objection. Pour ce qui est du Woli ou Ouli, il faut lire tout le chapitre XVIII de la relation de Raffenel, d'où il résulte que ce pays n'est pas inhabité, mais que les habitants, les Mandingues Saussayes, en sont inhospitaliers. On peut en attribuer la cause au fait qu'il signale, de la fréquente attaque de leurs tatas par les Peuls du Fouta Dialon. Ceci se passait en 1844. D'autre part, M. le capitaine Lenoir, qui a exécuté par ordre du ministre de la marine, du 1er juin au 3 octobre 1884, un voyage dans les vallées de la Casamance, de la haute Gambie et de la haute Falémé, a franchi le 17 juillet la Gambie, quittant les Foulahs du Ferdou, pour entrer chez les Mandingues du pays d'Ouli. « Ce pays, dit-il en résumé, pourrait être très riche. Malheureusement il est soumis aux incursions presques constantes des marabouts du Rip et du Badibou, que nous empêchons par notre poste de Kaolak de se jeter dans le Saloum. Le mansa du Ouli, à mon passage à Oualibakounda, m'avait prié d'aller le voir à Médina, et m'avait offert de passer avec moi un traité mettant son pays sous le protectorat de la France. Mes instructions me défendaient absolument de m'occuper de politique, je crus devoir m'abstenir; mais cette idée ne doit pas être complètement abandonnée. »

Voilà donc un pays qui, à notre connaissance, depuis 1844 jusqu'à 1884, c'est-à-dire depuis quarante ans, ne cesse pas d'être périodiquement ravagé. Généralement les voleurs ne s'attaquent qu'à la bourse et les pillards au butin. L'Ouli reviendra à une pleine prospérité si nous le protégeons et s'il est traversé par un chemin de fer.

De Bamakou, ou du point le plus proche reconnu navigable toute l'année, la conquête de la vallée inférieure du Niger se fera par bâtiments à vapeur. L'article VI du traité de Nango, passé par le commandant Galliéni le 10 mai 1881 avec Ahmadou, a placé déjà ce fleuve sous le protectorat français depuis ses sources jusqu'à Tombouctou, dans la partie qui baigne les possessions du sultan de Segou.

Nous pensons que cet immense bassin du Niger trouvera son débouché le plus avantageux vers la mer par sa partie supérieure, contrairement à ce qui a généralement lieu pour les autres fleuves.

En effet, outre que son delta est d'une insalubrité qui s'oppose à tout établissement européen, sa navigation est interrompue aux rapides de Boussa, à 150 lieues de son embouchure (1).

(1) Faidherbe, *le Soudan français*.

Or voici ce qu'écrivait à ce sujet le docteur Barth en 1854. Il était au village de Gogo, en aval de Tombouctou. Tout était prêt pour son départ le 5 juillet :

Mais l'arrivée de Takhefi, neveu d'Alkouttabou, le chef des Aoulimminden (1), déjà cité, vint y mettre obstacle; toutefois je fus ravi de cette circonstance, Takhefi m'apportant un sauf-conduit pour tous les marchands ou voyageurs anglais qui visiteraient à l'avenir les domaines d'Alkouttabou. Dans un entretien particulier que nous eûmes ensemble, il me fit savoir que le plus vif désir de son oncle était que les Anglais fissent remonter le Niger par trois bateaux bien équipés, afin d'ouvrir des relations avec lui. Je lui répondis que l'accomplissement de ce vœu était subordonné à la possibilité de franchir les rapides et les récifs du fleuve en aval de Boussa et de Rabba, ce qui ne permettait de prendre aucun engagement à cet égard.

Les rapides de Boussa et de Rabba n'ont pas encore été franchis jusqu'à ce jour par les Anglais, et depuis Bamakou, toute cette partie du bassin du Niger est à prendre, si nous le voulons, sans crainte même d'un contact désagréable. Car l'obstacle est de plus de dix-huit milles de longueur.

Quant à la navigabilité du Niger, elle n'existerait réellement pour des navires d'une certaine importance qu'à partir de Snider, c'est-à-dire à 100 ou 120 milles allemands en aval de Tombouctou (2).

(1) Tribu touareg.

(2) « Il me reste à dire quelques mots sur le caractère du Niger depuis Snider jusqu'à Say. Cette partie du fleuve se distingue de celle qui la précède, principalement par l'absence des écueils qui, plus haut, en interrompent si souvent le paisible cours. Je ne vis plus de rapides et ne rencontrai d'autres rochers qu'en face de Birni. Les îles, pour la plupart boisées et bien peuplées, étaient devenues aussi rares que peu considérables et ne s'étendaient

Il est possible que le fait soit vrai. Mais bien en amont, et Barth le constate, il a vu le cours du fleuve sillonné de grandes pirogues, ce qui implique une navigation existante. Puis, si l'on veut suivre attentivement son récit, on remarquera qu'il n'a suivi que la rive gauche; qu'à travers les éclaircies des iles et des récifs, ses observations personnelles lui ont fait reconnaitre la rive droite comme plus favorable à la navigation, et, somme toute, qu'il ne doute pas que l'ensemble de la rive droite qu'il n'a pas reconnue ne soit plus praticable que la gauche. Ce renseignement hydrographique est bon à noter par nos futurs navigateurs du Niger.

En attendant, et les journaux du 7 décembre dernier nous l'annoncent, bien en amont de Tombouctou, par suite, plus près des sources du grand fleuve, et sur un parcours probablement bien plus difficile que le précédent, le problème de la navigation du Niger vient d'être résolu. M. l'enseigne de vaisseau Davoust, commandant la canonnière « le Niger », a descendu le fleuve sur une longueur de 350 kilomètres, bien au delà de Segou, et vient de le remonter, rentrant heureusement à son point de départ. La question de la navigation du Niger et de l'exploitation commerciale de son bassin depuis Bamakou jusqu'à Boussa n'est plus qu'une question de temps, de persévérance, d'énergie... et d'argent.

Le parallèle de Boussa passe par l'extrémité sud du Fouta Dialon et arrive jusqu'à notre rivière rio Pongo. Au nord, la limite du bassin du Niger est le désert transsaharien. Tel est, parfaitement défini, l'empire colonial que peut nous

plus en groupes, entravant sur une grande largeur le cours du fleuve; l'écartement des deux rives était devenu beaucoup plus régulier et pouvait être en moyenne de 2,500 à 3,000 pas. » (BARTH, t. IV, p. 188.)

donner le projet, ayant pour débouchés sur la mer, outre le chemin de fer Bamakou-Dakar, le Sénégal, le rio Nunez, la Casamance, le rio Pongo. Qui sait même si, en présence de ce développement rationnel de nos possessions, les Anglais ne nous céderaient pas la Gambie, comme, à notre connaissance, ils en ont une fois au moins manifesté l'intention?

Arrivons aux objections techniques.

La première réside dans la difficulté que présente la muraille des montagnes du Tambaoura et du Diébédougou. Toute chaîne de montagne présente des points de passage; on en trouvera, et la flexibilité de la voie employée (voie étroite d'un mètre entre rails) est de nature à les faire franchir rapidement (1).

Une deuxième objection a été faite. Il paraît que dans les locomotives du haut fleuve, les injecteurs Giffard ordinaires, dont elles étaient munies, n'ont pu souvent pas fonctionner, en raison de la température élevée de l'atmo-

(1) Nous raisonnons toujours sur l'hypothèse de l'emploi de la voie adoptée pour le chemin de fer de Dakar à Saint-Louis, d'abord parce que ce railway est destiné à des transports sérieux et rapides, soit de marchandises soit même de troupes et de matériel de guerre, et que ce minimum de voie ne peut être dépassé sans mettre obstacle matériellement à ces transports, multiplier le nombre des trains et augmenter l'effectif du personnel et la dépense qu'il entraîne. D'ailleurs c'est aussi par sa masse et par sa puissance de destruction que la locomotive en impose aux indigènes. Il y a bien eu, à la fin de la campagne 1883-1884, sur le chemin de fer de Dakar à Saint-Louis, des actes de malveillance commis du côté de Thiès par les indigènes contre les trains. L'impuissance relative de ces tentatives en a découragé pour l'avenir les auteurs. La machine, qui coupe en deux les bestiaux errant sur la voie, se fait elle-même respecter. Tout projet de chemin de fer comportant un matériel de trop faibles dimensions arriverait à renouveler les inconvénients des colonnes, sans en avoir les avantages militaires. Même quand on ne veut employer vis-à-vis d'eux que des moyens pacifiques, il ne faut pas se servir de jouets dans ses relations avec les peuples enfants.

sphère. Pareil effet ne s'est point produit sur les locomotives du chemin de fer de Dakar à Saint-Louis, qui étaient munies d'un injecteur d'un système différent (système Friedmann). Il y a là une expérience acquise, dont on n'aura qu'à profiter à l'avenir (1).

Une troisième et dernière objection s'était présentée aux débuts mêmes de la construction du chemin de fer de Dakar à Saint-Louis. On était très inquiet, sur des ouï-dire, au sujet de la possibilité d'alimenter les machines d'eau douce, sur tout le parcours. — Des puits ont été creusés variant de 15 mètres, comme à Thiès, jusqu'à 42 mètres de profondeur, comme à N'dand. L'eau, depuis Dakar jusqu'à Saint-Louis, est excellente et n'encrasse pas le tubage des chaudières. On a, seulement, été forcé, pour que les pulsomètres pussent fonctionner à de telles profondeurs, d'augmenter les dimensions des chaudières des machines à vapeur qui font marcher les alimentations.

Sur tout le parcours de Thiès à Fatik et à Kaolak, et de Kaolak à Bamakou, on aura affaire à des populations douces

(1) Le principal avantage de l'injecteur Friedmann sur l'injecteur Giffard ordinaire consiste dans la suppression de l'aiguille mobile, ce qui en rend la manœuvre plus facile et plus sûre; il est essayé et réglé de manière que le mécanicien n'a qu'à manœuvrer un robinet de prise de vapeur et un robinet de prise d'eau pour alimenter.

La suppression de l'aiguille mobile permet en outre de placer l'injecteur Friedmann très bas (la manœuvre pouvant se faire facilement du tablier de la machine); on a alors un injecteur non aspirant maintenu toujours en charge au-dessous du fond des caisses et pouvant alimenter avec de l'eau à une température plus élevée. Cette suppression de l'aiguille permet de plus de diminuer la grandeur et par suite le poids de l'appareil.

Enfin l'injecteur Friedmann fonctionne mieux avec des eaux d'alimentation à haute température que les autres types d'injecteurs ; la cause de cette particularité n'est pas très connue; mais on peut admettre qu'elle tient en partie à la disposition même de l'injecteur, qui permet de le placer en charge et de le faire fonctionner sans aspiration.

et pour lesquelles le chemin de fer sera un réel bienfait.

Les gens du Baol et du Sine seront en partie dispensés, comme le sont actuellement leurs voisins de Cayor, du tribut indirect des convoyeurs maures; les exactions du teigne Baol et du bour Sine seront plus supportables, transformées en un impôt d'exportation des produits, régulièrement perçu le long de la ligne. Les gens de Niani et d'Ouli ne seront plus pillés par leurs puissants voisins du Fouta-Dialon et du Bambouk, les traités qui ont été passés avec le premier pays, et l'amitié ancienne qui nous attache Boubakar Saada, permettront à la politique du gouvernement d'atteindre ce but sans difficultés. Enfin les autres populations, généralement mandingues ou bambaras, sont fétichistes ou d'une ferveur musulmane modérée. L'appui que nous leur apporterons contre les Toucouleurs, en mettant fin aux dévastations des Samory ou des Ahmadou, les amènera certainement à nous.

Dans son voyage, si remarquable d'ailleurs, le docteur Barth n'a guère marché qu'accompagné d'escortes touaregs. Le 30 avril 1854, il était campé sur les bords du Niger, en aval de Tombouctou, en un point appelé Iseberen ou Iseberaten.

« Il arriva, dit-il, ce même jour, la nouvelle que les Français avaient complètement battu, dans l'Algérie méridionale, la tribu des Chaamba et s'étaient avancés jusqu'à Ouargla et Metlili. Il s'en était suivi une crainte générale que ces étrangers exécrés ne gagnassent du terrain; peu de jours après, tandis que nous rebroussions chemin vers l'ouest, cette nouvelle non seulement se confirma, mais nous apprîmes que Ouargla, cet ancien centre du commerce le plus étendu avec la Nigritie, était tombé au pouvoir des Français; en conséquence, le cheikh (1) caressa quelque temps le projet de rassembler toutes les forces des Aoulimmiden et du Touat pour marcher contre les conquérants. Sur mon conseil il renonça à ce plan aventureux, mais il crut devoir envoyer aux Français une lettre par laquelle il leur défendait d'avancer davantage vers le sud et de pénétrer dans le désert. »

C'est en effet en mars 1854 que Ouargla tomba en notre pouvoir, et le récit de Barth prouve combien l'écho des événements de l'Algérie se répercute couramment à l'autre extrémité du Soudan. La réciproque est vraie, et c'est, entre autres, une des raisons pour lesquelles nous avon établi, dès le début, la nécessité de conserver au Soudan tous les résultats obtenus depuis quelques années, tout en variant sur l'emploi des moyens.

On a remarqué le ton du voyageur ami des Touaregs, quand il parle de ces « étrangers exécrés ». Oui certes, nous sommes exécrés des Chaamba, ces écumeurs du désert, plus odieux peut-être que les Touaregs eux-mêmes, et qui avaient fait d'Ouargla le dernier refuge des marchands d'esclaves sur les confins du sud-algérien. Ce sera la gloire de la France d'avoir, seule, pratiqué consciencieusement cette abolition de la traite humaine, que les Anglais n'avaient hypocritement mise en tête de leur code maritime que dans le but de ruiner les colonies espagnoles et françaises. L'apôtre antiesclavagiste, Gordon lui-même, n'a-t-il pas fini par s'unir aux marchands d'esclaves?

Ce qu'il faut détruire dans l'Afrique centrale, ce n'est pas l'esclavage domestique : le captif de case est plus protégé que ne l'était le serf français d'avant la Révolution,

(1) Ouordhougou, cheik de la tribu touareg des Aoulimmiden.

et l'on ne peut changer d'un seul coup tout un état social si différent du nôtre; mais ce sont les guerres des El Hadj et des Samory, guerres dont, au fond, le butin « esclaves » est le seul but, qui ruinent ces pays si admirablement dotés par la nature, en répandant partout le massacre, le pillage, et causant ainsi une dépopulation effroyable.

Les grands chemins de fer de pénétration permettront rapidement d'arrêter ce mal.

Après l'exposé de ces grands projets, nous ne nous arrêterons pas à compléter l'énumération, en partie faite, des autres travaux de détail dont le Sénégal peut avoir besoin, tels que, par exemple, la réparation d'ensemble du pont Faidherbe à Saint-Louis, le dessèchement et la canalisation des marais de Sor en face de Saint-Louis, etc.

Avant tout, comme voie ferrée, il faut faire le petit tronçon Thiès-Fatik-Kaolak, la ligne Kaolak-Bamakou s'imposera alors d'elle-même.

Mais le travail le plus important à exécuter et qui est le corollaire nécessaire de tout réseau ferré, c'est l'agrandissement ou plutôt la transformation complète du port de Dakar. Il faut là des bassins de radoub, des quais importants pour le commerce, permettant l'accostage bord à quai des grands navires, des parcs à charbon considérables. Cette position merveilleuse sur les routes de l'Amérique du Sud et de la côte d'Afrique deviendra le point de relâche et de ravitaillement des navires de toutes les nations. Sa défense est facile. Cette année même, une commission nommée par le gouvernement et composée de M. le capitaine de vaisseau O'Neil, président, de MM. Marchal, sous-ingénieur des constructions navales et Auger, ingénieur des ponts et chaussées, a élaboré un projet, auquel, il y a lieu de le croire, il sera donné suite. Nous en ignorons les bases. Mais il est urgent que cela soit fait promptement et dans des proportions sérieuses, en rapport avec l'avenir du pays et du port lui-même. Il est fâcheux pour notre amour-propre national d'entendre, comme nous l'avons entendu, prononcer ces paroles à un des ingénieurs électriciens anglais, faisant partie du personnel de la pose du câble : « Qu'attendent donc tant les Français pour tirer parti de l'admirable situation de la baie de Dakar et exécuter son port? Ont-ils peur, par hasard, qu'on le leur prenne, une fois achevé! »

ALEXIS BOIS.

Décembre 1885.

POST-FACE.

Nous avons joint à cet opuscule une carte croquis qui n'a aucune prétention géographique, mais qui permet de suivre et de retrouver toutes les indications du texte.

La petite mappemonde située dans l'angle ne sera pas inutile pour bien montrer dans quelles limites peuvent s'agrandir nos possessions soudaniennes, comment elles pourront un jour se relier, quelle sera leur étendue par rapport à celle de l'Europe et de la France.

Et à ce sujet, qu'on nous permette d'insister sur l'économie du projet qui consiste à partir d'une base solide à la côte, pour pénétrer par voie de terre dans le Soudan, sauf à redescendre par des ramifications de chemins de fer économiques sur les grandes rivières, qu'on rejoindrait au point où elles finissent d'être navigables.

Il faut bien qu'on le sache, cette base ne pourrait être trouvée en dehors de celle qui est actuellement tracée par le chemin de fer de Dakar à Saint-Louis.

Je laisse de côté, bien entendu, l'avantage déjà constaté qu'elle présente, d'aboutir au port de Dakar.

Mais ce qu'il faut bien dire, c'est que la région traversée par ce chemin de fer est l'extrême limite sud de la partie relativement saine de la côte occidentale d'Afrique, où l'on ait encore de longs mois pour exécuter des grands travaux.

Dès qu'on descend la côte, la végétation augmente, les terrains d'alluvion en couches profondes succèdent aux sables de la partie septentrionale, la saison d'hivernage s'allonge, et lorsqu'on arrive à l'équateur, on n'a plus que deux mois de l'année sans pluie et sans orages.

Sur cette côte malsaine, inhabitable dans les espaces laissés libres par les méandres des vastes estuaires des grands fleuves et des rivières, on ne pourra jamais créer d'établissements durables, construire de grands travaux, entretenir en bonne santé des colons européens.

Et cette situation climatérique et géologique n'est point susceptible d'amélioration par le travail humain. Il faut laisser faire au temps, et à un temps dont la durée est incalculable, la transformation de ce continent que tout indique comme n'ayant pas encore subi les dernières évolutions géologiques dont l'Europe a été le théâtre.

Mais ce qu'on peut faire, et c'est ce que nous avons, je crois, démontré, c'est pénétrer immédiatement dans l'intérieur par une voie ferrée, et, de là, drainer par des embranchements les produits de ce Soudan si riche et si peuplé, et relativement très sain, jusqu'aux fleuves et rivières de la côte, aux points où ils deviennent navigables.

De cette manière, on ira directement aux sources de la production et on ne fera plus que traverser au plus vite et sans s'y arrêter les cloaques pestilentiels du sud de la côte occidentale d'Afrique, qui ne peut être habitée que par des noirs.

Puisque nous nous sommes permis cette longue amplification de nos idées, nous essaierons de nous la faire pardonner en mentionnant un fait scientifique considérable que nous avons omis de citer parmi les travaux exécutés au Sénégal en 1885.

Dès que le câble électrique sous-marin fut établi de Cadix à Ténériffe et de Ténériffe à Saint-Louis, la France envoya un illustre astronome, M. Bouquet de la Grye, et un ingénieur adjoint, chargés de faire différentes observations, et, entre autres, la détermination exacte des coordonnées géographiques de Saint-Louis et de Dakar. Aujourd'hui la latitude et la longitude de ces deux points sont absolument déterminées, reliées par Ténériffe et Cadix au réseau européen. Déjà le nord de l'Algérie avait été rattaché au réseau de l'Espagne et de la France par le colonel Perrier. Le dernier travail de M. Bouquet de la Grye a étendu le champ de nos connaissances dans les questions de haute géodésie, science toute française par ses origines et par les brillants développements qu'elle doit à nos savants depuis le siècle dernier jusqu'à nos jours.

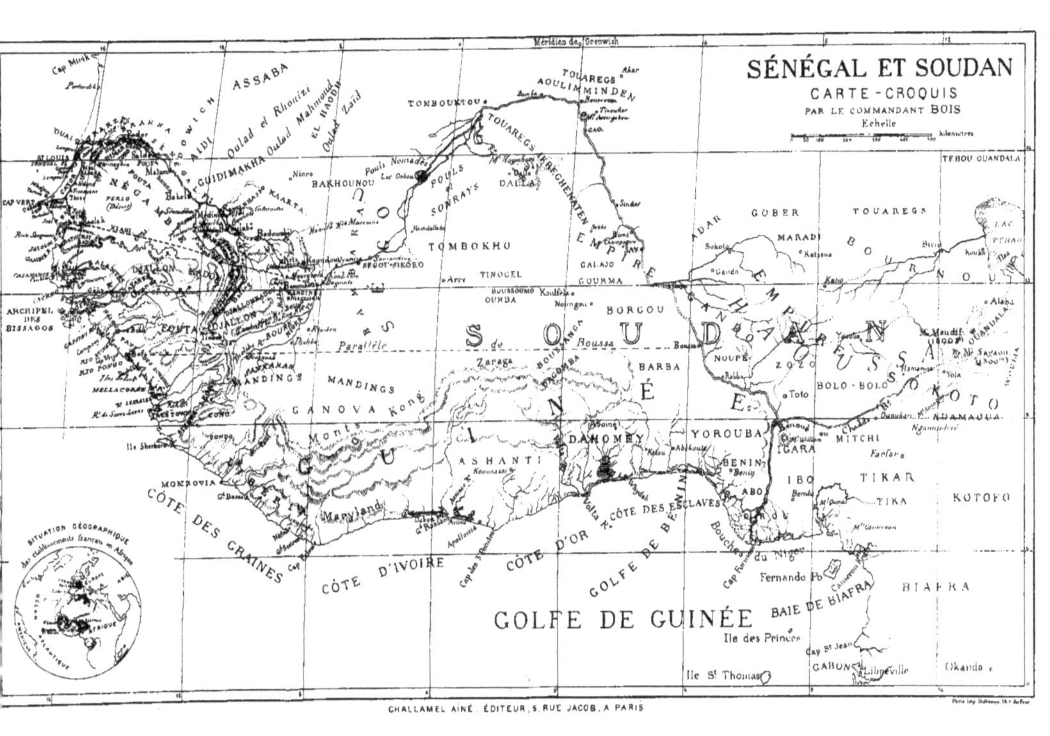
SÉNÉGAL ET SOUDAN
CARTE-CROQUIS
PAR LE COMMANDANT BOIS
Echelle
GOLFE DE GUINÉE
CHALLAMEL AINÉ, ÉDITEUR, 5, RUE JACOB, A PARIS

www.ingramcontent.com/pod-product-compliance
Lightning Source LLC
LaVergne TN
LVHW020440230826
846091LV00004B/1558

9782013629492